精简你的社交

如何将你的人际效能最大化

陈玉新◎著

图书在版编目（CIP）数据

精简你的社交：如何将你的人际效能最大化 / 陈玉新著. — 北京：企业管理出版社, 2019.4

ISBN 978-7-5164-1849-9

Ⅰ. ①精… Ⅱ. ①陈… Ⅲ. ①人际关系学 Ⅳ. ①C912.11

中国版本图书馆CIP数据核字(2018)第288849号

书　　名：精简你的社交：如何将你的人际效能最大化
作　　者：陈玉新
责任编辑：宋可力
书　　号：ISBN 978-7-5164-1849-9
出版发行：企业管理出版社
地　　址：北京市海淀区紫竹院南路17号　邮编：100048
网　　址：http://www.emph.cn
电　　话：编辑部（010）68416775　发行部（010）68701816
电子信箱：qyg1002@sina.com
印　　刷：玉田县昊达印刷有限公司
经　　销：新华书店
规　　格：710mm × 1000mm　1/16　17印张　215千字
版　　次：2019年4月第1版　2019年4月第1次印刷
定　　价：45.00元

STREAMLINE
YOUR SOCIAL LIFE

序言

精简社交，从现在做起

明明手上的工作堆积如山，是否总有“不识相”的人麻烦你请你帮忙？明明自己不想参加某项活动，却不知道应该如何说“不”？你是否觉得，自己宝贵的时间不知从什么时候起已经被无法推脱的交际挥霍殆尽？

你是否觉得，明明列表里的“朋友”千千万，但热闹过后，能帮你的人却寥寥无几？你是否觉得，明明自己帮了对方很多次，可当你张口时，对方却不耐烦地拒绝了你？你是否觉得，自己总是被道德绑架，朋友越来越多，可内心却越来越孤独？

你是否觉得，明明自己只想当个善良的人，却总被人当作“软弱的免费劳动力”？你是否觉得，明明跟对方并不熟，却总被对方的负能量影响心情？你是否觉得，自己的生活已经被各种不相干的人印下了太多无用的烙印？

对于以上的问题，如果你回答“是”，那么，很遗憾，你已经被无效社交缠上了。

请你仔细想想，自己这些年吃的亏是不是绝大部分都亏在了不懂社交上？如果真是如此，那你的当务之急就是精简社交并重新打理自己的关系网！

在移动互联网时代，仿佛一部手机、一款App就能让社交变得方便、简单。其实，在方便、简单的背后滋生的问题也层出不穷：我们的社交圈子越来越大，真正的朋友却越来越少；我们忙于社交，疲于应付，可建立起来的人际关系却是脆弱不堪。有时候，我们为了得到别人的肯定而牺牲自己；有时候，我们为了别人的快乐而承受负能量；有时候，我们为了照顾别人的情绪而选择自己默默承受伤害。渐渐地，我们会迷失在无效社交中，仿佛人生根本不是自己的一样。面对这样的情况，你还不选择停止无效的社交吗？是时候该对无效社交说“不”了！那么，应该怎样停止无效的社交呢？总不能因为害怕无效的社交从此就不再与人交往了吧？关于这个问题的答案，本书将为读者徐徐展开阐述。

本书以简明、精炼的笔法向读者传达简单的社交态度：学会定位自己的人际关系；道不同，不相为谋；沟通的目的不是赢；别让道德绑架伤害你；拒绝当别人的情绪“垃圾桶”；追求人脉不如吸引人脉；你没有义务免费帮他。

在本书中，读者将会学到如何不与负能量的人纠缠，如何与三观一致的人交往，如何离开一些人，让社交变得更有效率。只要学会了社交之道，你就可以聚集人气，打造你自己的有效社交关系网。

本书立足于社交实际，通过实用且有趣的例子给读者展示了优质的社交世界应有的内容。本书内容涵盖社交心理学、社交口才学、社交技巧学和社交管理学等诸多成功要素，从细节出发，对读者进行了潜移默化的引导。

本书能帮助读者深入了解社交要点，帮助读者深切了解维护社交关系的重要法则，帮助读者掌握真正的社交之道。

《精简你的社交：如何将你的人际效能最大化》能增强读者驾驭人际

关系的能力，提升读者的社交魅力，甚至能帮助读者把许多不起眼的社交关系整合成为自身的优质资源。本书能够帮助读者得心应手地处理纷乱复杂的社交关系，让读者在生活和事业上如鱼得水、如虎添翼。

《精简你的社交：如何将你的人际效能最大化》是一本现代社交书，它包括“了解社交的意图”“影响社交的因素”和“拒绝无效的社交”三大模块，对社交的本质进行了分析。此外，本书还囊括了“定位你的人际关系”“解读优质社交技巧”“处理棘手社交法则”“催化社交关系方法”等高效解决方案，在指出传统社交方法的不足时，给出真正高质量的社交实践方法，从而帮助读者在社交方面达到事半功倍的目的。

陈玉新

2018年12月

STREAMLINE
YOUR SOCIAL LIFE

目 录

STREAMLINE YOUR SOCIAL LIFE

第一部分

学会定位你的人际关系

第一章

支配关系：在你前方领路的人

上下级的社交方式要用心，更要简单。

第一节　这样讲话，员工才愿意听

职场中，最令人苦恼的社交就是“上下级社交”。管理者经常会遇到个性比较强的员工。有的员工不把迟到当回事，有的员工喜欢提前下班。对于这些情况，管理者自然要予以批评。可是，怎么批评才能取得好的效果呢？这就要看管理者的社交艺术了。

如果管理者看到员工迟到时，只对犯错的员工说“以后别再迟到了”，那结果多半是毫无效果的，员工还是会我行我素。此时，管理者应当意识到是自己的方法没有用对，自己的话没有震慑到对方。

再比如，当店长听到厨师提出想更换厨具的想法时，如果只是皱着眉头说“你先将就用吧”，厨师就会闷闷不乐，菜也不好好切了，在炒菜时可能会误把盐当成糖来使用。

很多管理者都会遇到这样的情况：他们越对员工说不要做什么，员工就偏偏要去做什么。那么，管理者究竟该如何说话，才能让员工更愿意听话，从而进一步提高员工的执行力呢？

从下面的故事中，我们或许能够寻找到答案。

2008年3月18日，奥巴马在费城发表了名为《一个更完美的联邦》的演讲。

奥巴马的第一句话就是："对不起，我不能跟那位黑人牧师断绝关系。"

此话一出，在场的所有观众都愣住了。大家都以为奥巴马要爆粗口时，可他却温和地继续说："……就像我不能断绝我与我的白人外祖母的关系一般。我的父母在我小时候就离异了，我的父亲是黑人，母亲是白人，我是外祖母一手带大的。外祖母是个白人，但她却把一生的爱都倾注到了我的身上。"

在场观众的注意力开始被奥巴马的讲话吸引。

奥巴马接着说："我的外祖母虽然爱我，但也经常对我说，她最害怕上街的时候，有黑人从她身旁走过，因为她怕黑人抢劫她。是的，我的外祖母经常告诉我她有多痛恨黑人。我接受我的外祖母，也接受我的牧师，因为这都是美国的一部分，我不可能脱离。这个牧师犯了一个错误，并不是他偏激的种族言论，而是他忘了美国是一个不断进步的国家，美国是一个懂得改变的国家。"

"改变"一词正是奥巴马竞选的纲要。奥巴马的演讲赢得了全世界的赞赏，甚至很多人都说，这篇《一个更完美的联邦》与林肯总统的就职宣言同样伟大。当然，这篇宣言也完全征服了美国人的心。

我们都知道，美国人竞选总统的时候，与其说是各方势力的较量，倒不如说是竞选者的"个人口才大比拼"，高水平的口才技艺能够为竞选者带来极大的优势。

从某种意义上说，一个管理者如果具备优秀的口才，就能在职场社交中呼风唤雨。毕竟用温暖、得体的语言去感召员工，才能"润物细无声"地达到高效管理的目的。

在管理活动中，这种借助口才技艺的管理艺术既能将管理者与员工之间的人际关系变得更加融洽，同时也能给彼此共同的生活和工作创造一个良好的人际环境。

人际环境的舒适、和谐极大地影响着人的工作积极性。每一位管理者都希望能提高员工的工作热情，形成一种工作上的良性循环。

出于以上目的考虑，管理者最需要的就是营造员工“愿意听话”的氛围。这里需要注意的是，应当让员工心甘情愿地听你说话，而不是因为你的权力而被迫来听。

以下是管理者与员工社交的3点技巧：说话算数、信任员工、及时反馈。

1. 说话算数

有的管理者为了吸引员工、留住员工，先靠承诺把员工吸引过来，但到最后却说话不算数，对自己画的“大饼”丝毫不兑现，导致双方出现不可调和的矛盾，最后员工不得不选择“跳槽”。要知道，作为管理者最重要的一点就是给员工树立一种“说话算数，一言九鼎”的个人威信。

2. 信任员工

信任是人际交往的前提，也是营造良好氛围的基本条件。有的管理者办事小心眼，听不得不同意见，对员工疑神疑鬼。比如担心采购人员收回扣，担心厨师偷工减料。“疑人不用，用人不疑”，否则，长此以往，员工和管理者之间自然貌合神离。

3. 及时反馈

对员工的建议要及时反馈。管理者应当让员工知道，他们的想法在自己这儿是受重视的。员工感觉到自己受到重视，自然愿意为企业的发展做出努力。如果管理者对员工的建议视若无睹甚至出言讽刺，那员工就会觉得自己的建议无关紧要，更为重要的是还会对管理者的态度感到心寒。

就像前面提到的一种情况，刀具损坏的厨师多次向店长提出要更换厨具，但是店长却认为将就着用即可，这样的结果就是厨师的用具不顺手，菜品出错，客人不满意，影响店长的生意。那么，店长究竟应该如何表达，才能让厨师愿意接受呢？

以下是管理者说话的3点技巧:“反复强调”心态不可取，使用口语，避免用否定词。

1.“反复强调”心态不可取

很多管理者都有这样的问题，为了突出事情的重要性，重复同样一句话。其实，这非但没有起到强调的效果，还会影响沟通的效果。科学研究表明，人的心理存在叛逆机制。如果同样的话被重复三次以上，那这句话的受重视程度非但不会提高，反而还会下降。

2. 使用口语

管理者可以使用简单的语句，如“噢”“我明白”“没错”等，来表示自己对员工陈述内容的认同。管理者也可以通过“说来听听”“我们讨论一下”“我想听听你的想法”“我很有兴趣”等，来鼓励员工讲出更多的谈话内容。多使用口语表达更利于员工理解，也能够让员工更乐于表达自己的观点。

3. 避免用否定词

如果有人告诉你:你千万不要想牛排！那你会想到什么？你肯定不但会率先想到牛排，而且说不定还会把牛排想得色香味俱全。

从心理学角度看，人们越被要求不准做什么的时候，其第一反应反而是去做什么。所以，如果想提高员工的执行力，就告诉他“要”做什么，而不是告诉他“不要”做什么。

就像本节开头所说，与其对迟到的员工说“以后不许迟到”，还不如说“以后早点到”。作为管理者，可以用更加高明的方式和员工沟通，用积极的态度与员工谈话，这样才能够更好地提高员工的执行力。

下面是管理者对员工应说的“五大金句”：

1. 你提的问题很好，能够解决更好。
2. 你以后要多提醒我。
3. 对不起，我错了。
4. 真的了不起——告诉我，你是如何做到的。
5. 谢谢你。

在上下级的人际交往中，管理者只有这样与员工交流，才能更好地赢得员工的尊重，同时，也能让自己获得更多的利益。

第二节　这样与领导沟通才最聪明

常言道，“好人出在嘴上，好马出在腿上”，在职场中，沟通占了工作中的绝大部分。不会沟通的员工，即便把工作做得再好，也很难在晋升方面有所突破。要想让领导喜欢，要想在职场上一帆风顺，学会和领导沟通非常必要。

小周和小宋都是财务部的会计。某个周五晚上，领导叫他们陪自己出差，一起接待客户。小周查了查出差地点的一些酒店，担心自己订不好，惹领导不满意，于是跑来征求领导的意见。

小周：“领导，我们订什么酒店？”

领导连眼皮都没抬一下：“你问我？我问谁啊！”

小周内心顿时火起，但他忍住了，又查了查酒店，敲了敲领导办公室的门。

小周：“领导，我们订希尔顿、喜来登，还是万豪？”

领导瞥了他一眼：“都行。”

小周一脸迷茫，心想：什么啊，这不等于什么都没说嘛。

小宋看了看苦恼的小周，让他跟自己又一次到了领导办公室。

小宋："领导，我们这次订五星级酒店，按同样面积的场地和使用时间计算，希尔顿的报价为3000元，喜来登报价为3200元，万豪报价为2900元。其中，希尔顿包括茶歇，其他两家不包括。万豪的房间相对紧张，可能容不下我们所有的客户。评估下来，我推荐希尔顿！"

这一次领导抬起了头，对小宋露出一丝微笑："听你的！"

当然，除了上例中的问题，我们在实际工作中还有更多的细节需要进行罗列及综合对比。领导很有可能针对某些细节，对你进行持续追问。但是，只要你在调研阶段把工作提前做好，同时把每个方案的优缺点都罗列出来，加上自己的建议，一同汇报给领导进行评估，最好的方案就会脱颖而出。

以下是能够帮助员工加强与领导沟通的9条职场社交技巧。

1. 高效沟通

每个人的时间都是宝贵的。员工在找领导谈话的时候，要简明扼要，把问题提前整理出来，自己先能把问题讲清楚，然后再对问题进行适当的解释和补充。

高效的上下级社交，就是让领导觉得你在这个问题上很专业，同时还能替别人考虑，尊重领导的时间。职场中，领导当然会更喜欢这样的员工。

2. 条理清晰

当你去向领导汇报或咨询的时候，不要一想到问题就马上去。最好先把问题理清楚，打好腹稿，千万不要在自己都没搞明白的情况下就跑去跟领导胡乱汇报一通。

跟领导汇报的时候，条理一定要清楚、明了。要把逻辑理顺，让领导能一下子明白你的意思，而不是让领导听完你的汇报后，再去猜你的用意。

如果员工连话都说不清楚，领导又怎么敢对其委以重任呢？

3. 给出解决办法

一些既有能力又很“识时务”的人，他们不会眼巴巴地等着领导给自己具体的指示，而是会像例子中的小宋一样，给领导多个建议和备选方案。

对于工作方面的细节，领导一般不会很了解。此时，员工如果能为领导提出解决方案让其定夺，就等于告诉领导“我不但熟悉业务，工作能力强，而且还成熟稳重、有想法”。这样的下属，领导又怎么能不喜欢？

4. 适当委婉

与领导沟通时，员工一定要讲求方法，虽然不至于像大臣给皇帝进言那样谨小慎微，但是如果不讲究沟通技巧，就很容易给领导留下不好的印象，继而影响员工自身在职场中的发展。

当领导发布了一个新的命令，或者换了一种新的工作方式时，员工即使有不同的想法，一定要委婉地把想法表达出来，千万不要在众人面前直接说“我觉得不行”。正确方式是先肯定领导的说法，然后告诉他“但是，我认为在某方面改进一下会更加完美”，这样不仅给领导提了建议，还保全了领导的面子。

5. 敢于承担

“养兵千日，用兵一时”，遇到事情，员工不要急于推脱责任。要勇于承担，对于领导交代的工作更不要说“这不是我的工作”。

让领导看到你的工作能力和责任心，只有你有能力去承担，才能得到更大的机会和发展。风险和收益并存，如果你总是胆小怕事，担心出错而不敢去接受新的任务，那么领导怎么会给你机会让你能够进一步发展呢？

6. 执行力强

领导都喜欢执行力强的员工，因为执行力强的员工能让公司的效率提高，能够独当一面。只有你的执行力提高了，领导才能放心地把事情交给你办。

如果你能把领导交代的事情尽力完成，同时分阶段地向领导汇报工作，让领导了解进度和问题，领导就会知道你是一个执行力强的人，假以时日，必定会对你委以重任。

7. 不要抱怨

抱怨，毒害的不只是你的心态，还会把负能量传播给别人，别人认为你的负能量太强，就不喜欢和你共事。如果领导也这样认为，那你可能就很危险了。所以，不管跟领导沟通什么事，都不要把自己的责任推出去，也不要一直喋喋不休地说别人的坏话。要想办法解决问题，用积极的态度面对问题，停止在领导面前抱怨。

8. 投其所好

这里所说的“投其所好”并不是让你去溜须拍马，而是要了解领导的脾气，办事之前，要选择使用领导容易接受的方式沟通，这样才能达到更好的效果。

如果领导喜欢有话直说，那你跟领导沟通的时候就不要拐弯抹角，要一针见血，显示出你的干脆利落。如果你啰啰嗦嗦，领导就会觉得你太没有效率，继而会不重视你。

9. 自身能力过硬

“打铁还需自身硬”，如果你的工作能力本身就强，在领导那儿也留下了深刻的印象，那么，你的提议也会比其他人更容易通过。

跟领导沟通要讲究方法，但归根结底，最重要的还是提升自己的工作能力，努力让自己成为不能被人代替的人，这样，领导自然会对你另眼相看。

第三节　上下级关系要清爽

这里的上下级关系要清爽，既指领导与员工间不要出现作风问题，又指不要出现“身份问题”，这一点经常会被职场人士所忽略。

作为一名领导，应当保持自身威严。人们经常说，领导要跟员工搞好关系。当然，这种搞好关系并不是越平易近人越能够跟员工打成一片就越好。

很多领导者跟员工称兄道弟，结果在发布命令的时候，出现没人愿意听从的情况。因此，为了树立领导的权威，为了管理好员工，把握好上下级交往的尺度是十分重要的。

作为领导者，应该思考一下：自己是否经常跟员工一起出入各种社交场所？是否对大部分员工都无话不谈？你的员工是否在公众场合跟你称兄道弟？如果出现了上述所说的几种情况，那么，你的上下级关系就已经亮起危险的信号灯了。此时，领导者需要立刻采取行动，跟你的员工保持一定距离，不要过于亲密。

俗话说得好：距离产生美。适当的距离其实是对领导者有好处的。即便领导者多么“民主”，多么“平易近人”，也需要在员工的心目中保持威严。

如果员工当众跟领导者称兄道弟，只能降低领导者在员工心目中的威信，让人觉得领导与员工的关系不再是上下级，而变成了哥们关系。既然是哥们，那员工就可能会不把领导者的命令当作一回事。

马涛大学毕业后决定自己创业。他虽然年轻，但工作能力很强，经常身体力行，跟员工们一起干活，一起吃饭。

时间久了，年轻的马涛在员工中逐渐形成了一个“后辈”形象。

一天，一位客户来公司参观，马涛正在与客户会谈的时候，一个老员工进来就说：“小马啊，咱们公司的机床该换了，当初买二手机床的时候我就说，与其坏了老修，还不如买个新的。”

马涛一下子不知道怎么回答了，客户看了一眼穿着车间工服的老员工，犹豫了一下，问马涛：“这位是……”马涛还没说话，老员工就抢着说：“我是小马公司的车间技工。”客户和马涛都很尴尬。

客户走了后，马涛开了个大会，专门强调了这个问题，可员工们却对马涛表示不满。老员工翻着白眼说：“小马变脸太快了，一会儿跟我们兄弟似的，一会儿又拿腔拿调，太让人失望了。”

上例中的马涛就没有把握好领导跟员工之间的问题。在日常管理中，领导者经常会听到员工如此议论：老板这几天是怎么了？前几天还一起吃饭，有说有笑的，今天就把我叫到办公室训了一顿。一会儿拿我当哥们儿，一会儿又拿我当奴隶，真不知道他是咋想的。

领导跟员工之间的距离本来就不好把握，如果距离太远，就会丧失亲和力，让下属敬而远之；如果距离太近，则容易丧失威信，影响工作，甚至会招来非议。所以，这个距离我们一定要保持好。

戴高乐将军有一句座右铭：“保持一定距离。”这个座右铭也深刻影响着戴高乐将军与其顾问和智囊团的关系。在他十几年的总统生涯中，纵观所有与他合作的人，包括秘书处、参谋部和办公厅等地，没有一个员工的工作年限能超过两年。

戴高乐将军曾对新任的办公厅主任说：“我只能聘用你两年，所以，就像参谋部的员工不能以这项工作为职业一样，你也不要把办公厅主任当成自己的职业。”

不仅如此，即便是新人，戴高乐将军也不跟他们任何一个人有工作之外的往来。他跟所有人的交往都是有距离的，而且都是相等的距离，没有亲疏之分。因此，有些员工犯了错误，或者想找他办事，他都会秉公处理，绝对不徇私枉法。戴高乐将军任职期间，他的幕僚们也是最奉公守法的。

有人曾经问戴高乐将军，不跟下属交往，会不会感到寂寞。

戴高乐笑着回答：“当然，做任何事情都是要付出代价的，我只需要一个人默默忍受寂寞就可以了。如果我的下属是因为跟我关系好才做错了事，那么，需要忍受的人可就不止我一个了。”

也有人问他：“您跟下属之间的关系太远了，这样会不会影响他们的执行力啊？”

戴高乐将军的笑意更浓了：“不跟他们交往，不代表我不关心他们。他们从我这儿能够得到的，我一分都不会少给他们啊！”

就这样，戴高乐将军不但得到了下属的尊重与认可，还受到国内外人士的一致好评。

戴高乐将军之所以这么做，主要是出于两方面的原因。一方面，他认为工作调动是正常的，人员固定才不正常。另一方面，他不想让身边的员工变成他无法离开的人。戴高乐将军想依靠自己的思维和决断力去做法国人民的领袖，他不会让身边出现他永远离不开的人。

只有通过人员调动，戴高乐将军才能跟下属们保持一定距离；有了距离，他才能对这些下属进行更好的管理，也更好地保证顾问们的思维及决断具有持续不断的新鲜感；也只有如此，才能真正杜绝下属们打着他或政府的名义营私舞弊的现象。

实际管理中，领导者不可能像戴高乐将军一样，每两年就更换一次下属。但戴高乐将军尽量与下属，尤其是与新下属保持距离的做法，却是很值得领导者借鉴的。我们必须认识到，领导者跟普通员工之间还是存在差距的，所扮演的角色更是截然不同。试想，如果一个企业主管既想当下属的哥们儿，又想当好管理者，想同时扮演两个并不相容的角色，只能是哪种角色都扮演不好。员工会对领导者的这种“两面派”行为怀恨在心，其也会被上层的领导责怪办事不力，到时候只能够两头受气。那么，领导者究竟应当怎样处理与员工之间的关系呢？

1. 召集所有员工开会。领导者需要用诚恳的语言来表明自己作为一名管理者的坚定立场。员工如果做出让领导者不可接受的事情，领导者需要用威信来让员工知道什么才是员工和领导之间该有的关系。

2. 不要介入员工之间的是非长短，也不要跟员工有过多的闲聊。

3. 不要跟某些员工过于亲密，领导者需要支持团队中的每一个成员。

总而言之，不管是新上任的领导，还是干了多年的领导，都应该摆正自己与员工之间的位置。不管怎样，领导者都要维护自己的威信，方便自己更好地管理员工。

上下级之间清爽的关系就是彼此之间保持适当的距离。

第二章

合作关系：在你身边同盟的人

合作是社交的精髓：多个朋友多条路，多个敌人多道墙。

第一节　结盟，让关系更稳固

俗话说："一个和尚打水吃，两个和尚挑水吃，三个和尚没水吃。""一只蚂蚁去抬米，抬来抬去抬不起；两只蚂蚁去抬米，身子摇来又摇去，三只蚂蚁去抬米，轻轻搬进蚁窝里。"

上面这两种说法，同样是数量增多，可得到的结果却截然不同。具体来看，这里的"三个和尚"指的是团体，"三只蚂蚁"也是指团体。和尚没水吃，是因为他们相互推诿、不讲合作；而"三只蚂蚁"则是因为精诚协作，才能将米"轻轻搬进蚁窝里"。

有句歌词说得好，"团结就是力量"，团队竭诚合作，力量自然是无穷无尽的。彼此间如果确立了结盟关系，众志成城，就能创造出不可思议的奇迹。

随着知识经济时代的到来，当今社会不再是一个崇尚"个人英雄主义"的社会了。各种新知识、新技术不断地涌现，各行各业的竞争也日益激烈，社会的需求变得日趋多元化起来。单凭个人的能力已经很难把各种错综复杂的事物完全处理妥当了。因此，越来越多的个人纷纷组建团体，并要求团队成员之间做到相互依赖、相互关联、共同合作。只有结盟合作，才能保持敏锐的应变能力和持续的创新能力，只有依靠团队合作的力量，才能创造奇迹。

有一个魔术师来到一个以冷漠著称的村庄里。他对着一脸冷漠的妇人说："我这儿有一颗'汤石'，如果把它放进烧开的水里，就会立刻变成非常美味的汤，我现在就煮给大家喝吧。"

这个消息立刻传遍了村庄并引来围观。

魔术师找来了一口大锅，并且提了一桶水，架上了炉子和木材，魔术师便开始在广场上为村里人表演起"汤石煮汤"来。

魔术师小心翼翼地把"汤石"放进滚烫的锅里，然后用汤匙尝了一口，兴奋地对大家说："这实在是太美味了！如果能再加进一点儿洋葱就更好了。"

于是，一个陌生妇人给了他几个洋葱。

魔术师将洋葱放入锅内，又尝了一口："太棒了，如果能再放些牛肉就更香了。"

于是，一个农场主回家，端来了一盘切好的牛肉。

"哦，这汤真美妙，再有一些蔬菜就完美无缺了。"

…………

就这样，这个村子的人们在魔术师的诱导下，有的拿来了盐，有的拿来了香辛料，也有人拿来了蘑菇、奶油等其他材料。

汤煮好后，大家一人一碗蹲在那里享用。这时，他们发现这确实是天底下最好喝的汤。

从上面这个故事中，我们可以看出汤的美味不在所谓的"汤石"，而要归功于每个人拿来的材料。在现实社会里，也有许多人变得越来越冷漠，越来越多的人选择在社交时戴上一层面纱，来掩盖住真实的自己。

试想一下，如果你有7个苹果，并且选择全部由自己吃掉。那么，你只能品尝到苹果这一种滋味；可如果你把这7个苹果分别与7个人做交换，那么，他们就会分给你不一样的水果。当然，可能你吃到的水果总数还是7个，但你可以同时品尝到橘子、香蕉、香梨、西瓜、樱桃、荔枝和葡萄，你能尝到7种不同的味道，也见到了7种不同的颜色。更重要的是，这7个原本素昧平生的人，或许会因为交换水果这件事，从此变成你的兄弟或合作伙伴。

世界上有很多道理都非常简单，只是因为人们容易被自私和贪欲蒙蔽，经常忘掉什么才是生活里最重要的东西。当人们只知道独占的时候，他们其实已经失去了整个世界。因为再没有什么手段，比挑起双方的矛盾更恐怖的了。

若双方想在矛盾、动荡的形势下，继续保持合作关系，妥协就是十分必要的了。双方如果通过共同努力渡过了合作时的动荡期，就一定会收获一种更为牢固的合作关系。

对于大多数合作者来说，存在或多或少的矛盾都是很正常的。也正因如此，人们才更应该学会从冲突中找合作，在动荡中求稳定。不能接受适当的妥协、让步，就会在风风雨雨中夭折。

夜深人静，锁把钥匙叫醒，抱怨：“我每天辛辛苦苦给主人看家守门，可主人最喜欢的却是你，他只把你带在身边，我真是好羡慕你！”

听到锁的抱怨，钥匙也一肚子牢骚：“我每天跟着主人风吹日晒，辛苦劳作，你却整日在家里舒舒服服地呆着，多么安逸！我才真是嫉妒你。”

钥匙确实想过一天安逸的生活，于是它把自己藏了起来。等到主人回家之后，发现钥匙不见了，主人一气之下便把锁砸了，并扔到了垃圾桶里。

第二天，主人找到了钥匙，他更加气愤："我把锁都砸了，还留着钥匙干什么呢？"说完，他又把钥匙扔到了垃圾桶中。

在垃圾桶里相遇的钥匙和锁懊悔不已。

上述故事中，钥匙和锁落到如此下场都是因为它们未认识到对方的价值和付出，一味地这山看着那山高，彼此斤斤计较，相互嫉妒、猜忌。人与人之间的关系又何尝不是如此？合作双方互相推诿、扯皮，互相争斗，只会落得两败俱伤的下场。只有相互配合、相互欣赏、相互支持、相互信任、相互珍惜，双方才能保持合作，获得共赢。

合作伙伴的好处就是将双方的优势进行互补。每个人手中的资源都是有限的，如果建立起合作关系，大家就可以一起讨论方向、战略方面的问题，一起为未来的发展出谋划策。可说来容易做起来难，当双方在合作中出现利益冲突，导致合作关系岌岌可危时又该怎么办呢？究竟如何做，才能顺利渡过动荡局面继续保持合作关系呢？

1. 化整为零的切香肠策略。如果你想得到一根香肠，就要先恳求它的拥有者给你薄薄的一片，对此，香肠的主人一般不会吝啬。第二天，你再求他给你薄薄的一片，第三天也如此。这样一片接着一片，整根香肠就全归你所有了。由于你每次要求他的让步幅度很小，对方在心理上很容易接受，在不经意间，对方就做出了很大的让步。

2. 以进攻来对付进攻，以进攻来阻止进攻。这种方法在你难以继续防守的时候是比较有效的。如果对方提出的要求损害了你的根本利益，或者他们的要求在你看来是无理的，你也可以拿出一个他们根本无法答应的或是荒谬的要求回敬他们，让对方明白你是有准备的，这件事没有丝毫让步的余地。

3. 对人示弱。人们总是同情和怜悯弱者，不愿意落井下石。

4. 制造竞争。俗话说“同行是冤家”，他们为了争取这一标的谈判的成功，必然会提出不同的优惠条件，这样就可以用来压制不同对手的谈判要求，争取最大的利益，达到“坐收渔翁之利”的目的。

在这个社会上，没有人可以靠自己的力量活一辈子。我们都在分享别人创造出来的科技和文化成果，这种分享能够带给我们生活上的便利和精神上的满足。

在这个世界上，总有人需要你，就像你也需要别人一样。因此，只有结盟，才能让关系更稳固。

第二节　谁都可以成为你的合作者

“一个国家没有永远的敌人，也没有永远的朋友，只有永远的利益。”这句话是丘吉尔的名言。

国家与国家之间的关系一向变幻莫测。那些所谓的“友谊”，在国家利益面前都是虚的，只要有切实利益存在，即便再针锋相对的国家也能成为可以合作的伙伴。

纵观世界的历史进程以及发展过程，我们能轻而易举地找到无数例子来印证这句话。每个民族在争取民主的时候都是相当困难的，美国也不例外。据统计，美国在“南北战争”中的死亡人数超过了60万人。而美国成功统一南北方的要诀就在于对“敌人”的包容。

19世纪中叶，美国爆发了著名的南北战争。战争打到后期，南方已经出现颓势，败局已定。此时，林肯总统没有乘胜追击，而是决定要跟叛军进行谈判。

林肯对政敌“示好”的态度引起了一位将军的强烈不满。

将军拍着桌子怒吼：“敌人一定要被消灭！”

林肯却温和地回应：“当他们变成我的朋友时，难道我不是在消灭敌人吗？”

在内战中，林肯对同胞相残、生灵涂炭的现象十分痛心。战后，他宣布，所有美国人都是同胞。投降的南军将士每人得到了一份联邦军队保证此后不受骚扰的证明书。北军统帅格兰特将军说：“战争已经结束，叛乱者如今重新成为我们的同胞了。”

林肯认为“内战无胜者”，就连南北战争中北军最大的“敌人”——南军总司令罗伯特·李将军也很快获得假释，还担任了华盛顿大学的校长。在如今的美国西点军校内，美国历史上著名将军雕像只有4个人，头一个就是叛军总司令罗伯特·李将军。

正是这种“历尽劫波兄弟在，相逢一笑泯恩仇”的态度，让林肯获得了南北方的支持，也为美国后期的团结统一做了贡献。

林肯曾说：“我赞同动物均有其权利，如同人类均有上天赋予的权利一样，这才是扩充仁心之道。”正是林肯对“敌人”的热爱和怜悯之心，才促成了美国今日的繁荣。林肯连自己政治上的敌人都能合作，又有谁是不能合作的呢？

林肯用生命践行了自己的信念，力排众议，完成了废奴法案。在停止内战的和谈中，有人问他：“您究竟是用了什么样的力量，能让国家团结起来？”林肯说：“是来源于人民的联盟和对民主进程的信心。”美国也因此迅速崛起为世界强国。

“竞争”是老生常谈了，但很多人还不理解这个词的含义。很多人对于“对手”和“敌人”一般不做区分。只要没跟自己在同一个队伍里，基本上都是敌人。敌人，就是要杀之而后快的。

试想，如果你的合作范围内没有包容和共赢，只有你死我活的腥风血雨，于人于己又有什么好处呢？如果你连对手都敢不承认，又怎能要求对手尊重你呢？

竞争共赢与斗争关系的区别，就像是赛场和战场的区别。竞争共赢代表的是现代政治文明，而斗争关系则是过时的腐朽意识。在社交中，这一点体现得尤为明显。每个人都能成为我们的合作者，可我们却不愿接纳每个人。个中原因只有两点：其一，没有发现双方的利益共赢点。其二，气度与格局太小，认为人与人只有“非友即敌”的关系。如果是第一种，我们只需把双方的利益共赢点罗列下来，然后与其交涉，促成合作即可；如果是第二种，我们则需要提升自己的格局，摆正心态。

美国的各党派之间一向提倡兄弟联心、相互监督、互相包容。这是因为他们明白，每个人都是具有局限性的，每个人秉承的思想都各不相同，所发表的言论自然也都不一样。可大家的目标是一样的，即民生、自由、民主。没必要争得你死我活。虽然美国人不懂儒家文化，但美国人有一个治国绝招，那就是“没有永远的敌人，也没有永远的朋友”。

合作与敌对的关系其实只是一线之隔。如果你能使用合适的方法，即便是敌人，也能成为你的合作伙伴；如果你不懂得社交，造成社交关系紧张，那原本的合作伙伴也会变成敌人。

若想让合伙人之间的关系变得更加牢靠，适当的妥协自然是少不了的。

20世纪80年代，日本企图通过贸易顺差来攫取巨额的外汇利润，让自己在国际合作中实现海外投资的目的。为此，日本封闭了本国市场，大力出口国产产品，同时疯狂并购美国资产。

面对日本的行为，美国政府当然不会任由这种形势继续发展。一心想攫取利润的日本当然也不会听从美国摆布。于是两国之间的贸易由合作变成了冲突。

1987年，美国政府在国内的局势颇为不利，于是打算在国际上缓解美日贸易的局面，恢复曾经的合作关系。一番商讨后，美国政府决定在“牛肉、柑橘和橙汁方面的市场准入问题”与日本进行了一系列谈判。

日本从谈判初期就感受到来自国际社会的重重压力。当时，日本政府正处在内外交困的境地，被逼无奈地决定向美国妥协。可在这之后的美日贸易谈判中，双方仍旧没能达成任何协议。

在这种情况下，美国政府决定表示自己愿意达成协议。因为他们深刻意识到，如果这次再不想办法扭转局面，美日贸易合作就会告吹。于是，美国首席代表史密斯与众多专家专门针对日本的关税资料进行分析，发现日本对牛肉的保护达到了371%，这个数字足够证明，日本的贸易壁垒已经达到了惊人的程度。

根据这一信息，史密斯决定通过合理的妥协来缓解日本方面的压力。史密斯对日本方面做出承诺，如果东京同意取消整体数字中的300%（配额取消），华盛顿将同意日本在1991年将牛肉关税从25%提高到70%。

日本接受了美国的建议，美日之间最终打破了关于“牛肉贸易合作”的谈判僵局。

美国政府就是以适当妥协的方式，促使双方谈判得到进展，获得共赢的。史密斯决定先让一步，让日本看到合作的优势，进而达成谈判。

如果我们连昔日的敌人都能变成朋友，那还有什么做不到的呢？当然，与“敌人”合作，也要讲求方法，如下所述。

1. 找到对手的弱点

一般来说，对手是不会轻易与我们合作的。如果能发现对手的痛点或软肋，同时让对手明白与我们合作能实现共赢的话，就会出现与对手产生合作的可能。

2. 利诱

若想让对手跟我们合作，利诱的方法是切实可行的。就如文章开头丘吉尔的名言一般，只要利润可观，即便是敌人，也愿意与我们合作。

3. 威胁

除利诱外，威胁也是一种合作手段。如果我们抛出的诱饵不能让对方上钩，那么就可以通过我们的优势来威胁对手，让对手屈服。

4. 兼并

能够兼并对手，必须在我们足够强大的时候。如果对方不接受我们的兼并，就会出现彻底破产的后果。

5. 借势

借势需在对手出现重大困难或者周围环境条件发生重大变化的时候才能采用。此时，只要我们抛出共赢的机会，解决对手的燃眉之急，对方就会同意谈判，实现双方合作。

6. 学会打组合拳

与对手过招不能走一步看一步，需有长远谋划才能成功。组合拳能让我们在与对手合作时立于不败之地。

谁都可以成为你的合作者，学会把敌人变成贵人，才是社交中极为重要的一课。

第三节　如何吸引他人主动与你合作

当今社会是合作的社会，也是竞争的社会。与他人合作，不仅能让彼此的资源得到充分利用，甚至还能达到“1+1>2”的效果。与人建立同盟关系，也对以后的共同发展非常有利。

查理·芒格有一句名言：“想要得到某样东西的最好方法，就是让自己配得上它。”很多人把这句话看成标准的心灵鸡汤。因为它讲了一个道理，而且很容易记忆。

关于心灵鸡汤有一个很好的解释：端上来一碗热气腾腾的好汤，但是没给你勺子。言下之意，就是说道理都很容易懂，但是没给你具体的方法。

我们都知道，功成名就的人，很多时候并不是因为他们自己有多厉害，而是他们能构建出一个让自己厉害起来的关系网。

有一句话说得好：一个人成功的根本原因是他身边的人都希望他成功。

从这个角度看，我们就可以发现，若想达成自己的目标，主要可以采取以下两种方法。

1. 主动追求对外合作

比如你选择去谈业务、攀关系、找机会，都属于主动追求对外合作。

2. 合作者主动向你靠拢

因为你有价值，虽然你不用主动寻求合作，但潜在的合作者都会主动向你靠拢。

两种方法都是对的，但比较起来，后者效率更高。

首先，后者可以坐在家里等合作者上门，高效率、省时间。

其次，合作是两个人因为一个原因认识了，对方欣赏你，才吸引来合作的机会。

最后，被你主动吸引来的合作者，完全有可能介绍他的另一位朋友来与你合作。

提起马云的名字，可谓是无人不知，无人不晓。而提到马云吸引合作的事情，却未必是大家都知道的。

当年，蔡崇信只与马云有数面之缘，却放弃了百万美元的年薪而选择了阿里巴巴集团。后来有人问他为什么主动选择跟马云合作。

蔡崇信说："阿里巴巴特别吸引我的，第一是马云的个人魅力；第二是有一个很强的团队。1995 年 5 月第一次见面在湖畔花园，当时他们有十几个人。第一感觉是马云的领导能力很强，团队相当有凝聚力。如果把阿里巴巴这个团队和其他团队作比较，这个团队简直是个梦之队，这里有一些做事情的人，他们在做一件让我感觉很有意思的事情。做这个人生重大抉择时，没有非常理智的依据，更多地来源于内心的强烈冲动，我喜欢和有激情的人一起合作，也喜欢冒险！所以，我就决定来了，如此而已。"

马云就是凭借自己独特的个人魅力，以及优秀的团队管理吸引来了蔡崇信。而蔡崇信也成为阿里巴巴集团的一员虎将，追随马云东征西讨，闯打天下。

前面提到查理·芒格的话，其实还有一句潜台词，那就是“我只按照自己的方式来积累价值，有固定方向，所有偏离这个方向的价值，即使诱惑再大，我也不追求”。这是什么意思呢？就是说我们与人交往的时候，往往先打探对方的喜好，希望自己能活成对方喜欢的样子，但这样做，反而容易迷失自我，最后鸡飞蛋打。例如，有些孩子渴望得到父母的表扬，一直活在父母刻下的模子里，但父母的表扬并不适用于所有的社会交往。当这一套行不通的时候，他们就会产生巨大的心理落差。

张帆是个不太会追女生的小伙子，他跟舍友马冬同时喜欢上一位会计系的姑娘。张帆产生了巨大的心理压力，于是千方百计地打探姑娘喜欢什么，琢磨姑娘每句话的含义。

听说姑娘喜欢莎士比亚，张帆专门找来了《莎士比亚全集》，自己也把书看得滚瓜烂熟；听说姑娘喜欢游泳，他专门学了游泳，还送了姑娘一套专业的游泳设备；听说姑娘早上起得晚，他每天都给姑娘买早饭送去，希望以此打动姑娘。

马冬却没有什么大动作，虽然也约姑娘出去玩，但却没有按姑娘的喜好打造自己。马冬喜欢乐器，每天都去操场上练吉他，没事儿就钻研谱子。参加校庆时，马冬的演出大受欢迎，最后成功吸引了姑娘。

就像故事中所描述的，那些不懂吸引姑娘的小伙子，通常会选择按对方的喜好来打造自己。

你喜欢人陪，那我就陪着你；你想要礼物，我就给你买东西；你喜欢出风头，我就替你打架；你想要面子，我就处处听你的。可这么做的人往往会被发一张“好人卡”：你很好，但咱俩不合适。

真正能让姑娘心动的是谁？是那些价值独特，而且能力十分突出的人。

在上述的故事里，其实就包含了两条社交的道路：一是向外追求，适应别人的需求。二是向内建设，关注自己价值的增长。

其实，不管是在生活中还是在职场中，别人愿意跟你接触、愿意与你合作都是有原因的。有些人可能对这些不以为然，觉得对方跟自己合作，就是看中了自己的钱。当然，肯定会有一部分人是为了钱来跟你谈合作的，但有钱也是你个人魅力的一种，是你资源的一种。当然，如果你只有钱也是不行的。若想让别人主动与你接触，主动向你寻求合作，还需要有以下的软实力。

1. 有德行。这就要求你待人接物要真诚，做人要厚道、善良，别人在与你接触的时候，能感受到你的诚意，对你的行为放心。

2. 有用处。当然，这是一个褒义词。所谓“物以类聚，人以群分”，只有你的学识和能力能够为别人带去实用价值，给别人提供需要的帮助，别人才会与你结交，与你合作。

3. 有雅量。你能够平等地正视别人，倾听、尊重别人的想法，并发表有价值的见解。你的才华和视野能散发出馥郁芬芳，别人跟你相处能打开眼界，放大格局。

4. 有心。你不会孤芳自赏，懂得尊重对方的个性，能发现对方的优点，欣赏对方的态度。你的言谈举止能给对方带去愉悦，跟你在一起时，对方不会紧张，也不会感到乏味。你懂得用心去交朋友，那些用真诚与真心换来的人脉，必然会成为你的“金脉”。

把上面这 4 点归结起来就是一句话：与其寻找机会，不如修炼自己。这句话的重点不只是修炼自己，还让你拒绝“貌似机会”的那些杂七杂八的诱惑。

当别人需要你时，千万别忘了伸出你充满爱意的双手，吸引他人主动与你合作。

第三章

竞争关系：在你对面较劲的人

跟你竞争的不是敌人，而是贵人。

第一节　要记住，竞争不是坏事

古罗马诗人奥维德曾经说:“一匹马如果没有被另一匹马紧紧追赶，就永远学不会疾驰飞奔！”这句话充分说明了竞争的重要性。谈到竞争，你可能首先想到的是残酷，是对事业和友谊的挑战。但这只是不良竞争的负面影响。试想，如果没有竞争，所有生物就会暴露自己的惰性，社会也不会有今天的发展。

在达尔文的《进化论》中，有一个十分经典的理论叫“自然选择论”，意思就是同类或异类生物为了争夺有限资源适者生存的现象。在人类社会中，“竞争”也是一样的。人类往往在金钱、权利、成功、地位和时间等方面展开竞争。我们完全可以这么说——竞争就是自然界和人类社会发展的普遍规律。当然，社交同样需要竞争。

可口可乐公司和百事可乐公司互为竞争对手。可口可乐公司和百事可乐公司都盯紧着彼此，只要一家有动作，另一家肯定也会出现新花样。

早在20世纪20年代，可口可乐公司就在古巴利用飞机的喷雾，在空中画出了“COCA-COLA”的字样。但是，由于当时可口可乐公司缺少经验，导致这次宣传以失败而告终。

1938年，百事可乐公司一下子租了8架飞机，飞行长度达到了14.5万公里。他们在东西两海岸城市，通过机尾喷雾写下了百事可乐的广告。

可口可乐公司见状，当然要对百事可乐公司进行适时的反击。为了强化自己才是“国民第一饮料”，可口可乐公司特意赞助了1939年纽约世界博览会，同时请名人啜饮产品，并把照片刊登在杂志封面上。

百事可乐公司专门设计了一套卡通片，同时还创作了一首风靡全美的广告歌，再一次扳回一局。

可口可乐公司和百事可乐公司这两大巨头在竞争中使出了浑身解数，以期通过正当手段来击败对手。可竞争的结果，却是双方都得到了长久发展。

由可口可乐和百事可乐的竞争可见，保持生机和活力的方法就是不断竞争，只有竞争才能克服困难，让自己不断进步。

由可口可乐和百事可乐的竞争百事可乐公司和可口可乐公司就是竞争的典型例子。曾经有这样一个笑话，上帝出现在一个信徒面前，对他说:“我可以满足你三个愿望，我只有一个条件，在你得到想要的东西时，你的敌人将获得你所得到东西的双倍。”于是，这名信徒对上帝提出了自己的愿望:第一个愿望就是拥有一幢豪宅，第二个愿望是拥有一大堆宝物，第三个愿望是“把我打个半死”。虽然这只是个笑话，但也说明了人与人之间的竞争是多么激烈。就算让自己遭受皮肉之苦，也不想让自己的竞争对手好过。在现实社会中，每个人都希望自己能比竞争对手更强，这样才不会处在下风。

没人甘心承认自己是竞争中的失败者。当触及自身利益时，人们肯定会尽全力争取，就算两败俱伤也要拼一把。即便这份利益是双方共同享有的，人们也会为优先权去竞争。很少有人选择对双方都有利的“双赢合作”。心理学家把这种现象称作“竞争优势效应”。

一对夫妻离婚之后，丈夫很快就娶了一位新太太。他的前妻对此事十分嫉妒，觉得丈夫不应该刚跟自己离婚，就马上找到新的幸福。

于是，前妻开始想方设法地挑拨前夫与新妻子的关系，给二人制造了很多误会，离间他们之间的感情。最后，丈夫跟他的新太太离婚了。达到自己的目的后，前妻冷冷地甩下一句“我得不到的东西，别人也休想得到”。

没过多久，这位心胸狭隘的前妻也遇到了自己的新幸福。在前妻的婚礼上，前夫决定用同样的手段报复自己的前妻。

就这样，二人双双葬送了自己的新生活。

上例中的故事确实令人惋惜，夫妇原本可以重新开始自己的感情和生活，就算离婚了，彼此也能好好地幸福生活下去。但是，二人却在“竞争优势效应”的负面作用下，亲手葬送了未来的幸福。

上面这个例子虽然极端，却能很好地说明这样的问题：如果人们不能很好地消除“竞争优势效应”的负面影响，就真的会导致两败俱伤。

要想消除“竞争优势效应”的负面作用，“双赢理论”一直是备受推崇的。

著名的心理学家荣格有这样一个公式：我 + 我们 = 完整的我。

也就是说，这个世界上不存在绝对的我，只有融入“我们”的“我”，才是一个完整的“我”。

心理学家还认为，造成“竞争优势效应”的另一个原因，就是沟通方面的缺乏。如果双方就利益的分配问题进行商量，并且达成共识的话，那合作的可能性就会大大增加。

也许，大家平时都是十分睿智的人。可是，在竞争心理的刺激下，即便再睿智的人，也会做出一些愚蠢的决策来。因此，应当牢记3条“竞争”原则：

1. 不要因为眼前利益，就把长远的发展葬送掉。

2. 彼此竞争不一定能带来效益最大化，只有合作才能共赢。

3. 沟通是达成合作、避免恶性竞争最有效的途径。

要想彻底消除竞争优势效应的负面影响，就要积极地推行双赢理论。可以说，合作是这个时代的主旋律，它为人们每一个人都营造了一个良好的发展空间。因此，面对竞争对手时，人们要本着一种合作而非敌对的态度，努力实现双赢。

虽然“竞争优势效应”的负面作用不容小觑，可如果人们能够正视它，就能避免掉进它制造的陷阱中，其产生的积极作用也是无法估量的。因为合作不但能帮助人们实现预期的共同利益，还能给彼此的发展创造无限的可能和空间。不管是经营企业还是人际交往，不管是组织还是个人，都要尽量发挥竞争的积极作用，避免它的负面影响。如此一来，人们从社交环境中得到的才是竞争给予的积极正面的馈赠。

要记住，竞争并不是一件坏事。

第二节　竞争对手的定位很重要

每个人都应该知道，社交中的选择和目标都相当重要。你未来发展空间的大小完全取决于你有什么样的想法和目标。

如果你只想当一个睡到自然醒的人，那你就不要幻想自己会有一天数钱数到手抽筋。你只能在睡觉之前祈祷，希望能做一个发财的美梦，然后等到睡醒了，再继续做梦。

你给自己的定位重要，对竞争对手的定位同样重要。社交中，每个人都需要给自己选择适当的竞争对手。因为竞争本来就是无处不在的。在复杂的社会环境中，即便你的生活节奏很单调，也没办法阻止竞争的到来。竞争只在于它通过何等方式出现。给自己的竞争对手定位，就是对你本身能力的定位，毕竟没人会把一个不如自己很多的人，或者能力超出自己很多的人来作为竞争对手。

3年前，章骅是公司里的一名新职员。与他同期的实习生里，有一位“竞争者”表现得非常优异。章骅觉得，自己只要稍做努力，就可以超过对方，于是他每天都看书、加班，努力让自己变得比对方更加优秀。

转正后，章骅发现同办公室里的小李表现得非常出色，经常受到领导的表扬。于是，章骅决定要超过小李，他按照小李的标准严格要求自己，最终成功地超过了小李，成为最受瞩目的职场新人。

去年，章骅从职员提干，当上了代理组长。另一名代理组长自然成了章骅的头号“竞争对手”。两个人经常明争暗斗，互不放松。章骅暗下决心，一定要“打倒”对手，争取在职场上更上一层楼。

在这种良性竞争下，章骅一步也没有放松，让自己变得越来越强大。

上述案例告诉我们，选择对手很重要。跟什么层次的人做竞争对手，就决定了你的境界是什么层次的。如果选错了竞争对手，双方针锋相对，很有可能演变成为恶意竞争，会演变成激辩或争吵，也会给人带去负面情绪。

试想，如果章骅最初的“竞争对手”只是一个混吃等死的人，那章骅的能力和斗志就不会被充分调动，甚至连实习期都通过不了，只能跟大多数人一样被淘汰。章骅提干后，如果他仍然把之前的“手下败将”那样的人当作竞争对手，就会拉低自己的层次，也不会激发出斗志。反之，如果章骅在实习阶段就把公司老总当作竞争对手，那肯定也是不切实际的，毕竟他的层次跟老总的层次相差太多。

选择竞争对手可谓是意义重大，因为选择合适的竞争对手不仅能证明自己，明辨是非，还能通过与竞争对手的竞争，提高自己的能力。

曲彬跟高璨从小就是竞争对手，二人的学习成绩是不分上下的优异。最开始，二人既是竞争对手，又是无话不谈的兄弟。后来，在双方家长和老师、同学的“怂恿”下，二人开始了不良竞争。

升高中的时候，曲彬因为家里有人认识教育局的熟人，抢了高璨的保送名额。同班同学把这件事告诉了高璨，高璨虽说也凭借自己的能力考上了重点高中，但却跟曲彬形同陌路了。

二人所在的重点高中恰好有两个能保送到一流大学的名额。

…………

上了大学，两个人明争暗斗得就更厉害了。曲彬一票否决了高璨的入党申请，高璨也对学生会施压，让他们不要选曲彬当主席。

这种不正当竞争一直持续到了大学毕业，曾经非常优秀的两个人，简历上却是一片空白。原来，在别人忙着丰富简历、提高能力的时候，二人把精力全都用在互扯后腿上了。如此一来，二人折腾了十几年，结果却是竹篮打水，白费力气。

在生活中，我们不可能对所有发生在自己身上的挑衅都应付得当，尤其是某些人发起的恶性竞争，甚至是肆无忌惮的人身攻击。如果我们把精力都放在无谓的浪费中，结果只能是两败俱伤。就像上例中的曲彬和高璨，双方一开始的良性竞争本来是一个完全有可能提升双方能力的契机，结果却在他人的“怂恿”下，出现了“泯然众人矣”的状况。因此，对手不但要在能力上与我们相近，还要具备良好的品德。如果选择一个能力很强的小人做自己的竞争对手，那对方只会拉低你的格局，并且带给你满满的负能量。此外，竞争对手的家世和资本等都是需要考虑的地方。所谓“物以类聚，人以群分”，一个拥有雄厚家庭背景的人，就算自身能力再怎么不好，都有坚强的后盾做支撑；反之，一个毫无背景的人，即便个人能力出众，可能奋斗一辈子，也只能达到人家的起跑线。当然，家世与资本都是个例，选择竞争对手的主要因素还在二人的能力和三观方面。合理确定竞争对手，从战略角度看可谓是意义重大。一个合格的竞争对手，哪怕与之在资本上无法相互匹配，在本质上也相当于另一个自己。

选择竞争对手后，或许你会技不如人，挑战失败，但在整个竞争过程中，你与对方同样具有趋利补充，也是好处颇多的。

选择竞争对手，继而展开一场良性竞争，实际就像是与另一个自己博弈，我们必当迎难而上，跟比自己稍高一层的对手竞争，才能为自己争取见多识广的机会。与自己处于同一层面的对手，与之竞争都是其乐无穷的，成就感也是真实、有效的。同样，如果别人选择我们成为他们的竞争对手，这对我们而言也是相当有意义的。

第三节　你能从对手身上学到什么

有这样一段话，是用来对赛场上的对手做评价的："你是我的对手，但你不是我的敌人。你的努力使我奋起，你的决心坚定了我的信念，超越的欲望与被超越的恐惧使我加快了步伐。你的失败并没带给你屈辱，只带来我对你的尊敬，因为你，我才能成功。"从这段话中，我们不难发现，在社交中给自己找一个竞争对手，就会让自己进步得更快。因此，在工作和生活中，我们非但不应该惧怕对手，不应该回避对手，还要积极地给自己寻找一个合适的对手。

如果你为自己寻找到的对手不仅是你的竞争者，还是与你无话不谈的好友，那他将会带给你双倍的力量。同时，你也会给他带去双倍的力量。

向对手学习可谓好处多多。一方面，他是你的一面镜子，让你能清晰地发现自己的问题与不足，然后有效地对问题加以解决；另一方面，他还能带给你源源不断的能量，让你不回头，不懈怠，勇敢地一路向前。因此，学会向对手学习，就如同在你跟他之间形成了一种"磁场"，这是一个富有良性竞争的"磁场"，也是一个强大的"能量场"。

向对手学习的好处如此之多，我们何乐而不为呢？

康熙皇帝在继位执政60周年时，特意在畅春园举办了第一次“千叟宴”，邀请天下的耄耋长者来为自己祝寿。在宴会上，康熙敬了三杯酒。

第一杯酒，康熙感谢了孝庄太皇太后，因为是孝庄辅佐他登上皇位，一步步地统一并巩固了大清江山。

第二杯酒，康熙感谢了大臣和天下万民。他敬一众大臣，能齐心协力尽忠朝廷，敬万民苍生俯首农桑，让天下繁荣昌盛。

之后，康熙皇帝端起了第三杯酒，说：“这杯酒敬朕的对手们，也就是吴三桂、郑经、噶尔丹，还有鳌拜。”

顿时，宴会上的大臣和宾客们瞠目结舌。

康熙皇帝接着说：“是他们逼朕不能退缩，让朕建立了功绩。如果没有他们，就没有今天的朕，朕感谢他们。”

康熙皇帝在位61年，在位期间，他可谓是文治武功无一不精，开创了大清盛世。可他也明白，如果没有自己的对手，就没有今日的自己。对手的强大让康熙皇帝从未放松过警惕，他只有让自己变得更强大，才能继续书写强者的荣光。

真正的强者会感谢对手，感谢竞争，因为竞争能让他们磨炼意志。康熙说，愿他们来生还能与自己为敌。这是一种多么豪迈的气概。只有真正的王者，才有能力张开双臂，拥抱与自己竞争的人。

加利福尼亚大学曾经做过这样一项研究：他们对美国上千名伟人进行对比，发现这些取得杰出成就的人有一个共同点，就是他们更倾向于向对手学习。他们愿意跟对手合作，而不是处心积虑地想要击败对手。现实生活中也有很多形象、生动的案例。要想让自己成长得更快、走得更远，就需要虚心向对手学习，同时对他们心存敬畏。

正是因为有了对手的存在，你才能保持不断前行的动力，才能清醒地认识到自己的不足。只有发现对手的长处，才能让自己随时保持清醒的头脑，保持忧患意识。

向对手学习，就是胸怀一种“时不我待”的紧迫感，以及一种“如履薄冰”的危机感。只有向对手学习，才能弥补自己的“短板”，提升综合实力，加速自身成长。

赵武灵王即位时，赵国正处于国势衰落期。就连周边的一些小国家也经常对赵国进行侵扰。而在与一些大国的摩擦中，赵国更是经常吃败仗。不但将军被擒，而且还被人攻占了城邑，眼看赵国就要被其他国家兼并了。

从地理位置上看，赵国在东北部与东胡相接，北部又与匈奴为邻，西北部与林胡、楼烦为界。这些游牧民族十分擅长骑射，经常纵兵侵犯赵国边境。

赵武灵王对胡人恨之入骨，却也在军事服饰方面发现了胡人的一些长处。比如胡人在打仗时都喜欢穿窄袖短袄；作战时使用骑兵、弓箭。跟中原的兵车、长矛相比，胡人的作战方式具有更大的灵活机动性。

于是，赵武灵王对手下说：“北方游牧民族的骑兵是当今最快速的部队，其来如飞鸟，去如绝弦，率领这样的部队驰骋疆场，哪有失败的道理？”

为了富国强兵，胸有大志的赵武灵王在邯郸城提出了“穿胡服”“学骑射”的主张，决定向自己的对手学习，取胡人之长、补中原人之短。

赵武灵王毅然决定改制，赵国也最终变成一代强国，赵武灵王也成了中原的霸主。

要知道，人的骨子里本身就带着惰性。如果没有竞争对手，就会让人变得目光短浅。取得一丁点成就，就会让人沾沾自喜，安于现状，继而停滞不前。这时候，竞争对手就显得尤为重要。他们可以成为我们发现自身不足的镜子，我们需要通过这面镜子不断完善自己，同时像赵武灵王一样取长补短，让自己发挥出应有的潜力，最终获得成功。

从某种意义上说，对手不是敌人，也不是冤家，而是以另外一种形式出现的人生挚友。每个人都需要一个对手，一个能把自己推到“悬崖边”的对手。这样，你才能在阻力中求奋进，在竞争中求发展。

有了对手，我们就会发现自己的不足，从而对自己“严要求、高标准”；有了对手，我们就能在相互学习中提高素质，不断进步。

我们都知道，在社交中免不了会因为这样或那样的机遇跟对手站到一条线上。不管是在求学过程中，还是在职场岗位竞争中，和对手竞争总是无处不在、无时不有的。那么，我们应当用什么方法去压制对手，用什么心态去面对对手，在对方奋力与我们相争时，我们应该如何去操控，去巧妙拆招，就是一门深奥的学问了。当然，这个问题的核心答案也很简单，就是学会寻找对手的“魅力”，学习对手的“魅力”。学会欣赏和理解竞争对手，学会发现自己的不足，然后用对手的长处来弥补自己的短处，以谋求共同进步、共同发展。

在面对竞争对手时，我们不妨气定神闲地迎接挑战：胜利了，赢得辉煌；失败了，也可以让我们学到很多东西。

如果我们能抱着欣赏、理解和包容的态度，向自己的竞争对手学习，那成功就会在你不经意的时候悄然而至，我们的心态也会因为这份平和而增添一份宁静与宽容。

第四章

敌对关系：在你背后使坏的人

如果引起敌对关系的原因是他的人品问题，那就赶紧放弃这段无效社交！

第一节　弄清敌对的根源

欧阳修在《朋党论》中有这样一段话:“小人所好者禄利也，所贪者财货也。当其同利之时，暂相党引以为朋者，伪也；及其见利而争先，或利尽而交疏，则反相贼害，虽其兄弟亲戚，不能自保。”其意思是小人所喜爱的东西，无非是功名利禄罢了，而他们贪图的，也不过是些金钱财富。当小人与小人有相同利益时，就会短暂的“结盟”，形成朋党。但这种“朋友”间的结盟是不牢固的。等到他们发生利益冲突的时候，就会互相争夺；等到他们获取完利益后，就会逐渐疏远甚至互相贼害。说白了，敌对的根源就是双方的利益冲突。正如“二虎相争”，地盘就是双方的利益冲突，每片领地只能有一只老虎，若有另一只进犯，就必然会带来一场冲突。

“敌人的敌人就是我们的朋友”这句话是颇为精妙的。因为你敌人的敌人是和你的敌人存在利益冲突的人。而你与敌人也是存在利益冲突的。为了利益最大化，你与敌人的敌人自然可以成为朋友。反之，敌人的朋友就是与敌人存在共同利益的人，他们为了保护自己的利益，必然会保护敌人的利益。因而，你就不能与敌人的朋友成为朋友。

弄清了敌对的根源，也就明白了敌人的由来。

纵观古今，君子的敌人很少，而小人的敌人颇多。其原因就像开头说的，小人“见利而争先，或利尽而交疏，则反相贼害”，而君子懂得容人，也对利禄看得很淡，自然就不会树立太多敌人。

韩信还只是一位落魄少年时，虽然心怀大志，满腹韬略，但却为人谨慎，洁身自好。

平日里，韩信因为个性高傲，从不与混混们来往。于是，混混们便心生怨恨，经常在大街上为难韩信。韩信不愿与之计较，能躲便躲起来。

一日，韩信腰间挂着佩剑在闹市中行走，地痞流氓们看到韩信来了，纷纷上前打骂他。韩信不理，却被一恶少抓住，指着鼻子骂他：“你不是自称王孙吗？你现在要么拔出剑捅死我，要么从我胯下爬过去。”

周围的地痞流氓们纷纷起哄，想看韩信作何态度。韩信沉默良久，做出了一个惊人的举动。他慢慢地弯下腰，从恶少的胯下爬了过去，众人高声嘲笑。韩信也因为这件耻辱之事无心留恋淮阴，万分悲愤后决定出去闯荡，以期能找到发挥自己价值的地方。

后来，韩信经过一番历练，功成名就，成了一方诸侯。当年的落魄少年得以衣锦还乡，当地人纷纷出城迎接。韩信找到了当初让自己受“胯下之辱”的恶少，并且对部下说：“这个人也算一位勇士。他当年羞辱于我，我完全可以一剑杀了他。可杀了他并不能让我扬名天下，于是我忍受下来。可以说有他，才有今天的我。”

说完这番话后，韩信便下令提拔昔日的恶少当护军卫，还让他负责下邳的警卫工作。

大部分的敌人都不是天生的，而是后期被构建出来的。试想，如果韩信仍对昔日之辱念念不忘，就等于给自己构建出一个敌人。功成名就后，韩信就会报复这名恶少，他就会少一个对自己忠心耿耿的侍卫。而且，韩信在报仇之后，还有可能遭到恶少亲友的“再复仇”，冤冤相报，没完没了。于公于私，韩信的举措都十分得当。就如同“国家之间没有永远的盟友，也没有永远的敌人，只有永远的利益”一样。

那些被构建出来的“敌人”，与被雕刻出来的石像还有所不同。石像一经雕成，便很难再让其发生改变。可在历史的演化中，一些原本的“敌人”却逐渐变成了同盟甚至朋友。“敌人”的一些概念、意义也在悄然发生着改变。变化的关键当然不在“敌人”这个概念上，因为无论“敌人”的概念如何变化，真实的敌人就在那里。变化的只是我们的心态。

就拿国家来说，国家有来自内部的敌人，也有来自外部的敌人。这些敌人可能来自不同的党派、不同的组织，甚至来自于国家间的“合纵连横”。比如春秋战国时期，不断的“国”际战争让昨日的敌人有可能变成今日的朋友。谁也无法担保今日的朋友不会变成明日的敌人。同样，谁也不能预料今日的敌人会不会变成明日的伙伴。在社交的敌对关系中，只有君子才能避免“利尽而交疏”。

法国科学家普鲁斯特发现了“定比定律”。可大家未必知道的是，为了探索“定比定律”这一科学奥秘，普鲁斯特曾跟贝索勒争得互不相让，二人进行了长达9年的争论，也当了9年的敌人。

双方都互相否定对方的话，他们自己都不知道，自己否定和推翻了对方多少个企图证实自己观点正确的论述。最后，普鲁斯特成为这场争斗的获胜者。

让人们没有想到的是，普鲁斯特完全没有因为自己获胜而趾高气扬地去奚落贝索勒，相反，他由衷地对贝索勒表达了自己的谢意："若不是你对我的质难，我一定很难深入地研究定比定律。"随后，普鲁斯特向世人郑重地宣告："我发现定比定律，贝索勒有一半的功劳！"

贝索勒也没有懊丧，他为在科学的战争中有人发现了真理而高兴万分，不管这个发现真理的人是不是自己曾经的敌人。

贝索勒在给普鲁斯特的信上是这样写的："恭喜您发现了定比定律，9年的战争结出了果实，我向您——真理的发现者致意！"

通常印象里，大多数人都会把敌人看成"眼中钉、肉中刺"，想方设法将其拔出而后快。

生活中，我们也会时不时地听到这样的故事：两个敌对的人或公司为了谋取最大利益，常常选择不正当手段，对敌人恶意攻击、肆意造谣，以期中伤对手，抹黑对方的形象、损害对方的名誉。可是，斗争的结果往往是两败俱伤。与敌人争斗、给敌人挖坑，常常是"搬起石头砸自己的脚"，不但不能削弱对手的实力，反而还会让自己喝下苦酒。

"人贵有容人之量""化敌为友"之类的道理我们都懂。可道理虽然简单易懂，我们却在面对敌人的时候，不能让内心保持平静，我们的头脑里也充满了憎恶、嫉妒、恼怒等负面情绪。

在负面情绪的影响下，我们往往更加注意敌人的缺点和不足。

弄清敌对的根源后，我们就该知道世界上本没有敌人，有的只是"我们利益的侵犯者"。但如果只因对方侵犯了我们的利益，我们就认为对方的存在是上天犯下的一个错误，并且对敌人的全部都予以否定，看不到敌人半点光彩，这也是我们缺乏容人之量的表现。

在面对敌人的言行之时，如果我们只是一味固执地“反其道而行”，或“明知山有虎，偏向虎山行”等，这就不仅仅是输了事业，更输了人生的气度。

第二节　放弃令人筋疲力尽的关系

有人说，聪明人都不喜欢社交，因为聪明人不愿把宝贵的时间都浪费在无效的社交上。这句话说破了当前社交的一个现状，即无效社交太多。

所谓“在家靠父母，出门靠朋友”，只是让人耳熟能详的一句话，也正是因为这句话，很多人在社交中总是不停地留电话、加微信。可他们在忙着结交“朋友”的时候，却忽略了一个重要前提：真正决定你朋友圈质量的，是你自己的实力。而只有关系平等、互利互惠的人，才有与之交朋友的价值。

我们每个人都遇到过很多人，从小到大，从贫到富，在我们的社交圈子中有同学、同事、客户，甚至还有对手。随着生活与工作的不断变化，一部分人逐渐淡出我们的社交圈子，有些人甚至已经彻底不联系了，这种社交现象似乎是生活的必然。因此，就像开头说的，聪明人都不喜欢无效社交。可是，有不少的年轻人都是非常主动地去社交，有些是渴望认识新朋友，有些是优柔寡断，不好意思断绝一段关系。当然，主动社交并没有错，关键在于，我们应当如何看待这个问题，如何聪明地去精简我们的社交。

陆方和温濯是公司里的死对头，温濯经常恶意中伤陆方，而陆方却对温濯再三容忍，不愿意跟他撕破脸。

一日，公司召开创意大会。温濯偷了陆方团队的创意，让陆方和整个团队都出了丑。散会后，陆方只是抱怨了几句，并不想把事情闹大。

温濯的能力不强，而且性格怪，陆方却是能力出众。温濯在朋友圈里发一些中伤陆方的话，陆方很生气，也跟人抱怨过，却始终没有跟温濯划清界限。

久而久之，陆方发现自己彻底被温濯的社交累垮了。

在上例中，陆方的问题就是触碰了社交的极限。社会心理学家们曾经做了这样一项研究：人的一生中，同时能交往的朋友数量极限大约为10个、30个和60个。

所谓的“10个朋友”，就是当你陷入困境或等着用钱时，把亲朋好友全算上，愿意无偿借给你钱的人不会超过10个。这10个是你真正的朋友，也是你的安全底线。“30个朋友”就是你时不时想要联系的朋友。比如，你的老同学和要好的前同事等。而“60个朋友”就是跟你关系很淡的朋友。比如，你通过某个事情认识了某个人，当时你们交换了联系方式，后来也聊过两次，但没事的时候不会联系。

也就是说，一个人哪怕再受欢迎，再能隐忍，他同时能交往的“朋友”数量也不会超过100个人。其中，前10个人是最稳定的，而后90个人都是流动的。中国有句老话，叫作“人走茶凉”。其实对于后面的90人来说，“人走茶凉”的状态是对的。如果人走了，茶还没有凉，就说明这张桌子上的茶太多了，你根本招呼不过来。而且，你和对方为了不让“茶凉”，都会很刻意地维护这段关系，你很累，他也很累。

这100个朋友还会分成许多类型。比如，指路型的朋友、倾听型的朋友、互助型的朋友和默契型的朋友等。我们需要根据自己的年龄阶段进行选择。比如，对于一个初出茅庐的年轻人来说，指路型的朋友更适合他；如果是有一定的社会阅历，想合伙做一番事业的，默契型的朋友自然是他的首选；如果自己有很强的表达欲望，或者希望有人能了解自己的，则需要倾听型的朋友；如果是一个价值观成熟，且事业趋于稳定的人，就会选择互助型的朋友。当然，益友多多益善，但对于人品有缺失的朋友，我劝你还是尽早斩断这条无用社交链。

大学时，夏瞳和梁晓莞二人顶多算是点头之交，并没有什么往来。毕业后，夏瞳成了一名报社的记者，很快就小有名气了。

夏瞳出名后，梁晓莞与夏瞳的联系日益多了起来。很快，梁晓莞暴露了自己的目的。原来，她现在是一家工厂的策划员，每个月都要给厂子交一篇策划文。

梁晓莞对夏瞳甜言蜜语，让夏瞳帮她写一篇策划文。夏瞳想了想，两个人虽然不熟，毕竟也算是大学同学。于是，她很痛快地帮梁晓莞写了一篇策划文。

之后，两个人有一个月没联系，一月后的同一天，梁晓莞再次找到夏瞳，直截了当地让她帮自己再写一篇策划稿。

夏瞳有些不高兴，告诉梁晓莞自己工作非常忙，实在没办法帮她写。梁晓莞却大打感情牌，让夏瞳无法招架，夏瞳只得又帮梁晓莞写了一篇稿子。

次月，梁晓莞果然又来找夏瞳，直接发了一条微信：这个月的策划稿，写完六点前发我。

夏瞳觉得梁晓莞简直不可理喻，于是，她毫不客气地回应：策划稿每篇 3000 元，前两篇看在大学同学的份上不收钱了，但以后要找我写稿子，请先付钱。

梁晓莞同样觉得夏瞳不可理喻，她开始到处抱怨夏瞳：她就是干这个的，帮忙写篇策划稿怎么了？大学同学还要钱，钻钱眼儿里了吧？

就这样，夏瞳不但花时间花精力帮梁晓莞写了两篇策划稿，还落了一身埋怨。

我们常说你的朋友圈是由你自己的实力决定的。有很多人喜欢社交，也渴望多认识些人，尤其是名人。因为自己开口就说认识某某名人，确实是一件令人骄傲的事。但如果你的实力不能跟名人在同一水平，与他们的社交也只能停留在认识上，无法建立一个真正、有效的朋友关系。

如果像上例中的夏瞳与梁晓莞那样，双方社交关系永远只是一方有求于另一方，而另一方不能从社交中获得半点回馈，这不是一种等价的社交交换，也就注定不能长久。

现在的生活节奏越来越快，随着年龄的增长，我们的时间和精力似乎也越来越少，那些基于感情交流的朋友也越来越少。除了几个知心好友外，很多人的社交都是“利来而聚，利尽则散”。虽然说着冷漠，但却是一种高效率的表现。毕竟我们没有义务为一个对自己一点好处都没有的人长期买单。

聪明人的社交其实并不广泛，因为他们懂得，与其广撒网，不如重点捕捞。把精力集中起来维护好“精华朋友”，而不要把有限的精力浪费在无效的交往上，这样的社交才更有效。

第三节　学会从敌对走向合作

所谓社交中的人际关系，指的是人们在各种社会领域中，通过与其他人之间的交往，建立起来的活动。这种社交关系反映在活动中，就是人与人之间的情感距离，以及相互吸引或排斥的心理状态。

如果一段人际关系是和谐、友好且积极的，那自然是一件值得高兴的事，因为这种良好的人际关系对一个人的工作、学习和生活都是有所助益的；反之，如果一段人际关系呈现出紧张、消极和敌对，就会对一个人的工作、学习和生活造成不良影响。

社会心理学家们经过多次调查研究，发现良好的人际关系对一个人心理的健康发展具有重要作用。

正如古语所云，“天时不如地利，地利不如人和”。无论在什么情况下，我们都应当重视“人和”这个重要因素。

美国著名成人教育家戴尔·卡耐基也通过大量的研究发现，一个人若想在事业上取得成功，只需要10%的专业技术，而另外的90%则要靠处世技巧和人际关系来维护。这个发现似乎有些绝对，但也在某种程度上说明良好的人际关系会成为事业的重要助力。因此，创造一个良好的社交环境，与对方从对立走向合作也是十分必要的。

美国的RealNetworks公司是著名的RealPlayer播放器的制造商，其公司总部在西雅图。RealNetworks公司曾向美国联邦法院提起诉讼，直指比尔·盖茨的微软公司违反了美国的“反垄断法”，同时要求微软公司赔偿十亿美元。这件事一时间闹得沸沸扬扬。

就在官司还没有打完的情况下，比尔·盖茨的敌人RealNetworks公司的首席执行官格拉塞却给他打了电话。电话内容是希望比尔·盖茨能对RealNetworks公司提供微软的技术支持，方便自己的音乐文件可以在便携设备和网上播放。当时，几乎所有人都认为比尔·盖茨一定会果断拒绝他。可出人意料的是，比尔·盖茨对RealNetworks公司的提议非常欢迎。微软公司的发言人表达了比尔·盖茨的意思，说如果RealNetworks公司真的想要整合软件的话，那他很有兴趣与之合作。

比尔·盖茨还有一件事让人颇为赞赏。众所周知，微软公司和苹果公司自从20世纪80年代起，就一直明争暗斗、互相竞争。乔布斯和比尔·盖茨为了争夺个人计算机市场的控制权而激烈对抗。

20世纪90年代中期，微软公司在个人计算机市场上占了上风，有大约90%的市场份额都牢牢握在比尔·盖茨手里，而苹果公司却举步维艰。

令所有人大跌眼镜的是，微软公司在1997年向苹果公司投资了1.5亿美元，把苹果公司从倒闭的边缘拉了起来。2000年，微软公司还为苹果推出了Office 2001。自此，微软公司和苹果公司真正从敌人变成了合作伙伴。

要想从敌人变成合作伙伴，就需要一系列维护良好人际关系的具体

方法，但在日常生活中，最主要的有以下 3 个方面的事必须做好。

1. 建立良好的第一印象

除了特殊情况外，没人在刚见第一面的时候，就会成为彼此的敌人。交往伊始，谁不想给对方留下一个好印象呢？同样，每个人都愿意与给自己留下好印象的人继续交往。因此，我们在社交中需要一个良好的第一印象，并以此作为深入交往的基础。那么，在与别人发生最初交往的时候，我们应当如何表现自己，才能给对方留下一个美好的印象呢？

首先，注意仪表美。人的仪表不仅包括相貌和穿着，其自身的仪态、风度等都是影响社交的重要因素。因为人们都愿意跟具有魅力的人交往，注重仪表的人往往也在首次见面中更加友善和合群。而且，衣着的大方整洁，举止的自然得体，都会给人一种亲近感。反之，如果你过分修饰外表，油头粉面、浓妆艳抹，就会让人在潜意识中把你当成敌人。

其次，待人要真诚、热情。在交往和合作过程中，我们更愿意接受率先开口的人，然后再就对方的陈述内容发表自己的看法。因此，在与人交谈时，态度应当诚恳、稳重，避免油腔滑调，或高谈阔论、哗众取宠等。这样都会让人感到不愉快。

再次，要有实事求是的态度。如果你实事求是，就会给别人带去信赖感和亲近感，这样才有利于你们的继续交往；反之，如果你在表达自己的时候总是言不由衷，或者喜欢拐弯抹角，则会给人一种虚伪、冷淡的感觉，别人自然视你为敌。

最后，做一个忠实的听众。在与人交往时，切忌做话题垄断者，每个人都有自我表现的权利。在初次交往中，表现自己当然重要，但做一个有耐心的听众，同样也是吸引别人与你交往的利器。

2. 主动交往

在社交中，尽管有很多人在与人交往时都有很强的欲望，但仍然时常忍受孤独。这些人的朋友很少，甚至基本没什么说话的人。因为这类人倾向于在社交上采取消极、被动的方式，他们更愿意等待别人去接纳他们。

没人会无缘无故地对另一个人感兴趣的。要想赢得别人的好感，要想跟别人建立良好的人际关系，首先要建立起一个丰富的人际关系网，要做社交的主动者，让自己处于主动地位。我们应当多点尝试，少点担心。

当你主动跟陌生人攀谈时，你就会发现其实你的努力都是成功的。你成功的经验越多，自信心就会越大，你的人际交往能力也就会越来越强。

3. 学会关心和帮助别人

所谓“患难识知己，逆境见真情”就是说要学会关心和帮助别人。如果我们能在一个人遇到困难、遭遇挫折的时候，看出他对人情世态的敏感，那么，这时候，哪怕是一个笑脸、一个眼神、一句话语，都能让对方感到安慰，感到振奋。

试想，如果你在别人遇到困难的时候，能够伸出援助之手，那对方还会把你当成敌人吗？反之，如果你对别人的遭遇麻木不仁，冷漠万分，那你的社交也可能就此中止。

孟子曾说“生于忧患，死于安乐”。如果你不想树敌颇多，如果你想化敌为友，那就微笑着面对社交吧！

STREAMLINE
YOUR SOCIAL LIFE

第二部分

是什么影响了你的社交

第一章

性格因素：我们是一个社会群体

性格是社交的助力，也可能是社交的大敌。

第一节　贬低别人的人不受欢迎

日常社交中，总有些人喜欢通过贬低对方获取短暂的优越感。很多人都觉得，在贬低别人时，自己会瞬间感觉良好。殊不知，贬低是把双刃剑，不仅伤害了对方，也伤害了自己。

在社交层面，贬低别人无非是想在心里做个定义，认定自己比对方要强。在此基础上，喜欢贬低对方的人认为强者从人格上羞辱弱者是理所应当的事。但问题是，那些贬低别人的“强者”有时也会随社交的变化而成为弱者。

张明在初中时身高就已经达到了175厘米，成了同学圈里的高个子。家人对张明的身高很满意，于是经常拿身高问题来夸奖他。渐渐地，张明养成了嘲笑其他同学的习惯。他觉得矮个子的人都没发育好，还经常叫他们“矮冬瓜”。

等到张明升大学时，他的身高并没有多大变化，但身边比他高的人却越来越多。在张明的心里，自己还是高个子人群里的一员。直到某天，他的大学同学认真地对他说：“你这么矮，怎么不穿个增高鞋？”张明顿时生出了自卑感。

从此之后，张明经常把自己关在房间里，不愿见人，也不愿与人沟通了。

张明从小就习惯于贬低矮个子，内心里把不如自己高的人都定义为“矮冬瓜”。一旦他遇到比自己高的人，内心就会依照他原本的定义，告诉自己“更矮的人就是‘矮冬瓜’，自己比对方矮，所以自己也是‘矮冬瓜’”，于是他的内心就会瞬间产生自卑感。这也是为什么尖酸刻薄的人，特别在意别人对他的负面评价，而且只要有比自己优秀的人出现，他们的自卑感便瞬间产生。

在习惯贬低他人的人心里，只存在“牛人”和“废物”两种状态，他们没有“他比我优秀，但我也很好”这样的概念，所以他们也不存在持久的自信来源。久而久之，这种习惯就内化成无意识的冲突，即“我很了不起，但我又很无能”。外化为人际关系，就是既贬损他人，又贬低自己。当然，这类人是社交中最不受欢迎的一类人。因为没人愿意把自己的宝贵时间一遍又一遍地消耗在无效社交上。

林薇是一名小职员，她经常不经思考地给他人做出一些评价。比如前台人员比较忙碌，没有照顾到林薇，林薇便在话语中流露出无意识的贬低：“你只是个小人物，来做前台，却什么都做不好，这点儿人就应付不了，笨手笨脚、慢吞吞的，干脆辞职算了。”

林薇不但贬低别人，还经常否定自己，比如她常常跟别人抱怨，说自己什么都不会，长得不漂亮，能力也不出众，是个人就比自己强等。

公司里的人都不愿意跟林薇有过多的接触。

有次，林薇跟一位同事吃午餐。席间，同事吃到一半觉得饱了，于是停下了筷子。

林薇问："你好好地吃着饭，停下来干什么？"

同事说："我吃饱了。"

林薇不假思索道："你吃一半停下来，怎么跟我女儿一样不成熟？饭桌上一点儿规矩都没有。"

同事被林薇突如其来的斥责弄得莫名其妙，于是赶紧结账走人了。

林薇很郁闷，公司其他人听说了这件事，劝林薇去道个歉，可林薇却丝毫不觉得自己有错，反而认为同事矫情，没规矩还不接受她的教导。

林薇步入的就是典型的"社交雷区"。我们来分析一下她的性格：林薇在与人社交时，经常对他人做出负面评价，比如：你只是个小人物，你怎么连这个都不会，等等。当林薇遇到比自己能力强、地位高的人，她就会觉得自己是个小人物，而且做什么都白费。因此，喜欢贬低别人的人，其社交心理归结起来，就是既自卑又怨天尤人，既认为自己有远大目标，又不屑于脚踏实地。

就拿林薇贬低同事的话来说，她是以长辈对晚辈的口气斥责与自己同龄的人，这本来就很欠妥。此外，她针对的点是"吃一半停下，是不合规矩的"。问题是，吃饭吃到一半，或者洗澡洗到一半停下来一会儿，都是很普遍的情况或现象。这些事情既不违法，也没犯罪，为什么要刻意苛责别人呢？而且，林薇在贬损同事时，也无意识地攻击了自己的女儿，这种贬低和攻击性强的口气，在人际交往中根本是百害而无一利。

事后，林薇不仅不能及时地表示歉意，反而认为自己贬低别人是"为对方好"，这更会让人觉得林薇是一个不值得交往的对象。

我们身边或许有这样的人，他们贬低对方后，总喜欢用“无意识”和“没那个意思”来当借口，这其实是一种性格问题。喜欢贬低他人的人，大多来自一个不成熟的家庭。或是自小被贬损惯了，或是身边的人都喜欢贬损他人。

虽然有些人觉得自己的言行是出自“无意识”的状态，但对方的感受却是真切的。就像精神病患者对人产生伤害，虽然不算违法，但是，遭受到伤害的人并不是不会痛。所以，不要把自己的“无意识”转化成伤害彼此的利器。

人们无非爱听两种话：一种是忠言逆耳。话说得很直，甚至说得有些难听，却对我们大有裨益；另一种是甜言蜜语，在不是口蜜腹剑的情况下，即便对方说的话毫无“营养”，但也能使我们身心愉悦，增添自信。贬损他人的人恰好吸取了这两种话的负面：既没有“营养”，又很难听。

综上所述，对于身边那些喜欢贬损对方的“朋友”，我们还是及时“止损”的好。及时断开与他们的交往，因为与此类人为伍毫无益处，只能给自己增添负能量。此外，我们在社交中也不要为了抬高自己而采取贬低他人的手段。

人际交往中，那些习惯通过贬低别人来抬高自己的人，其实本身并没有优越之处。他们只能靠贬低别人，来获得那虚无的自尊。毕竟人生苦短，我们没有义务把时间浪费在负面情绪上，也没有权力把负面情绪散播给他人。

第二节　别让自己搅了对方的兴致

心理学家曾把他人的自我意识比作一名卫兵，这名卫兵会站在潜意识的入口，如果有人从外部侵犯，对方就会不自觉地产生强烈的抵触情绪。因此，在别人说话时，随便打断他人的中途插话行为是极其不礼貌的，这类人是社交中很不受欢迎的人，甚至会让人感到厌烦。

在与人社交过程中，想让别人对我们产生好感，继而接纳我们，就必须在自己身上找一找有没有随便打断别人说话的陋习。不管是在职场还是在生活中，别人交谈的时候一定不要插嘴。即便我们想表明自己的意见，也一定要熟练掌握一些说话的技巧。

罗技是某私营企业的老板，一日，他正跟几个客户就一笔生意进行洽谈。罗技使出浑身解数，刚把这笔生意谈得有点眉目的时候，他的一位朋友来了。

由于这位朋友经常出入罗技的办公室，前台也没有对其进行阻拦。进了办公室，这位朋友漫不经心地扫了一眼客户后，就兴致勃勃地对罗技说："哇，你猜我刚才在大街上看到了什么？有一个大热闹……"

接着，这位朋友就不管不顾地说开了。罗技看着客户越来越不好的脸色，赶紧对朋友说：“我现在正跟客户谈事儿呢，你要不先出去等我一下吧。”可是朋友接到他的暗示后，仍然滔滔不绝地说个没完：“哎，你们等一下再谈，我先跟你说那个热闹儿，简直是太逗了！”

客户见自己谈生意的话题被打乱了，于是站起身，礼貌地对罗技说：“你先跟你的朋友聊吧，我们改天再谈。”说完，客户就抽身离去了。

就是因为这位朋友的胡乱插话，罗技损失了一笔很大的生意，他也对这位朋友十分恼火，叮嘱前台，下次这位朋友再来的时候，就说自己不在公司。

不管任何时候，不管是任何人，在别人谈话的时候，随便打断对方都是一件极其不礼貌的行为。可实际上，却有很大一部人都存在这样的陋习。这种陋习造成的结果就是不知不觉间破坏了人际关系。

罗技的那位朋友就是非常不懂交际礼仪的人，他在罗技与客户商谈重要生意的关键时候，冷不丁地半路杀进来，让罗技和客户猝不及防，不得不中止谈话。而且，这类人不会事先通知你他要插话了，而且不管你们谈论什么样的话题，他都会把你们的话题忽略掉，而转移到自己感兴趣的方面。这样的人往往会让人心生厌恶，因为既然他随便了打断你的谈话，就说明他根本不知道怎么尊重你。

英国哲学家培根曾说：“打断别人的谈话或中途插嘴者，甚至比发言冗长者更令人生厌。”

我们每个人都会有情不自禁想表达自己的观点的时候。可是，如果你没有了解别人的感受，而是不分时机，不管场合就去贸然插话，或抢了别人的话头，这样就会打乱他人的思路，引起对方的不快，有时候甚至会让自己的社交关系彻底破裂。比如，我们经常会在某个大型宴会上看到自己的某位朋友跟一个不认识的人聊得热火朝天。这时候，我们就会想加入这场聊天中。可是，如果我们不知道他们谈论的话题就贸然加入可能会让他们感到不自在，也可能他们之间的话题就此中断。更糟的是，可能他们正在进行一项商业谈判，你的加入可能让他们其中的一方和这笔交易失之交臂；也有可能他们正在苦苦讨论一个解决难题的办法，可由于你的插话，让他们无法想出有利的解决办法，让社交变得极为尴尬。这种时候，不管你是出于什么样的心理，大家也都会认为你特别没有礼貌，然后会对你产生反感的情绪，让你的社交关系失败。

当我们在职场中跟领导交流的时候，更不能随随便便地打断对方说话，否则，领导不但不会给我们好脸色看，还会影响我们晋升的道路。

职场中，领导给员工们安排工作的时候，通常会做出各种说明。领导在讲话中的说明只是一个通知而不是征求意见。因此，员工若在中途插嘴发表意见，就会让领导觉得很无礼，还会觉得对方是在蔑视自己。如果碰到脾气比较急躁的上司，恐怕还会大声呵斥员工：“把嘴闭上！听我把话说完！”

我们每个人的讲话习惯都是不同的。有人喜欢从头讲起而显得过于冗长；有人追求全面而显得啰嗦；有人想表达得简单而显得很笼统。不管我们是否习惯对方的讲话方式，都不应随便插话。即使对方在表达上没有做到我们想要的清晰无误、详略得当，或者存在着某种偏见和错误，我们也不要随便打断别人的思路而应该等对方说完。

提到斯帕克斯餐厅，很多人的第一印象就是富翁、权贵和名人的光顾地，因为斯帕克斯餐厅是纽约的一家标志性餐厅。

一天晚上，光临斯帕克斯餐厅的客人中有一位最耀眼的人物，他就是王牌律师大卫·伯依斯。当时，他刚刚代表美国司法部，就控告某大型企业违反“反托拉斯法案”一案，做出了精彩的辩论，这也让他在业界有了很大的影响力。

伯依斯来到斯帕克斯餐厅后，径直走向了凯文的餐桌前。凯文是他的朋友，二人因为以前的案子有过几次接触。

当时，凯文身边还有个朋友叫汤姆，于是，伯依斯加入了他们，3个人一起喝酒聊天。不多时，有人给凯文打了一个电话，他站起身来到外面去接，餐桌上只剩下伯依斯和汤姆两个人。由于伯依斯之前从未跟汤姆见过面，两个人都十分陌生。可是，伯依斯并没有离开，而是陪着汤姆足足聊了半个小时。

后来，汤姆对凯文说：“伯依斯先生真不愧为大家。我与他素昧平生，而他又是业界响当当的王牌律师。要知道，他根本不需要陪我聊那么长时间。而且，我并不是因为他犀利的言辞而折服。他让我印象最深的是，他每问完一个问题，都会耐心地等待我的回答。他让我觉得，整个餐厅似乎只有我一个人在说话。”

在上述案例中，汤姆的最后一句话完美地阐释了与人社交时不贸然打断对方谈话的智慧。试想，如果在汤姆跟伯依斯交谈的时候，伯依斯经常打断汤姆的谈话，以发表自己的高谈阔论，想必即便伯依斯字字珠玑，汤姆也不会对他有如此高的评价了。

现如今，我们的社会是个竞争异常激烈的社会，要想拥有一个良好的人际关系，我们就必须要做到以下几点。

1. 不要用不相关的话题贸然打断对方的谈话。

2. 不要用没有意义的评论肆意扰乱别人说话的思路。

3. 不要随便接别人的话头。

4. 不要急着替别人讲完事情，要耐心倾听。

5. 不要因为微不足道的事情去打断别人的话题。

虽然我们也可能会遇到这样的情况：对方跟我们说话的时候，话题无聊且冗长，浪费了我们太多的时间，话题也让人昏昏欲睡，令人生厌。这个时候，我们非常想中断对方的谈话。但中断谈话也不应贸然中断，我们应考虑在何时结束对话比较好。

我们需要照顾对方的感受，避免让自己给他人留下无礼的印象。

第三节　斤斤计较容易引起反感

我们经常碰到这样一类人，他们喜欢斤斤计较，对个人得失十分敏感，甚至会为了一点蝇头小利争得头破血流。这类人从来不肯吃一点小亏，而他们似乎也因为自己的“聪明”和计较而获利不少。比如，单位给员工发放水果等福利品，如果最后还剩下一箱，某个精明的职员就会不知从哪个角落里跳出来，以各种借口把这箱福利品据为己有，其他同事就算心有不满，也不好意思再说什么。其实，这种人表面上看似占了便宜，实际上却犯了社交中的一大禁忌。因为这些人在跟他人相处中总是把“利”字放在最前面，什么亏都不愿意吃，什么便宜都愿意占。他们一直活在算计别人中，还以为别人都不如他们聪明。

能从别人那里揩点油，讨点便宜，他们就会觉得自己比别人过得好些。其实，这类人的功利心太重，他们在人际交往中，把功利放在首要地位，就会让日子过得很紧张，也很累。其实，仔细想想，没有哪个喜欢斤斤计较的人能活得很轻松。而且，他们并没有占到什么大便宜，反而还在社交中招致众人的反感，实在是偷鸡不成蚀把米。

如果只为了鸡毛蒜皮的小事而斤斤计较，只是为了陈芝麻烂谷子的事而耿耿于怀，只会让自己的心不堪重负，会让痛苦一直牵制住未来。

唐代永城名人朱仁轨曾经在家训中告诫自己的后代:“终身让路，不枉百步;终身让畔，不失一段。”这段话的意思是说，如果你一辈子都在给别人让路，最多也就走一百步的冤枉路;如果你一辈子都给别人让田界，自己的田界也不会失去一点。这段话虽然只有16个字，但蕴含的社交道理却十分深刻。朱仁轨的话不仅反映了礼让的态度，更反映了社交的智慧。

谦让是一种美德，也是我国的优良传统。从古至今，大到“夷齐让国”，小到“孔融让梨”，有关谦让的故事都被传为了千古佳话。这种礼让和大度不但增进了人与人之间的情谊，也避免了矛盾的激化，可谓是明智之举。很可惜，这样浅显的道理却总有人不明白，或者明白而不愿意践行。

方崎是一名出租车司机，一次，他载着乘客，开车行至一个十字路口。绿灯亮后，方崎慢慢地启动汽车，准备按照交规，跟随前车通过十字路口。可让方崎感到惊讶的是，前面那辆车起步非常迅猛，仿佛不抢这一秒，就会来不及做什么大事一样。转瞬之间，隐约有一声短促的刹车声传出来，方崎在后方清楚地看到，对面左转向的车主也是个急性子，在起跑之后立刻轰油门转向，抢占了有利地形，把直行车全部挡住。

一时间，两辆车互不相让，在路口呈现出一个夹角态势。很显然，这种情况下谁也无法继续前行了。

方崎停车后等待前面两辆车处理，他心想，既然大家都走不过去，只要有一辆车稍微倒一步，把对方放行也就罢了，这样也好让其他车辆通行。然而等了很久，前面“顶牛”的两个车主还是互不相让，一直僵持在那里。

车上乘客一直在催促，方崎没办法，只好打了方向盘，从两辆车的左侧绕过。路过现场时，方崎侧目扫了一眼，发现两车前的保险杠相距不过5厘米，如果有一个车的速度再快一点，或者有谁的刹车再慢一步，这场事故就成事实了。

看着还在继续“顶牛”的两辆车，方崎慢慢驶离了现场。

每个人的性格都不一样。有些人天生就乐观、开朗，不管碰到多大的事情，都可以一笑置之；可有些人天生比较内向、沉闷，碰到事情的时候也只会憋在心里。

不管是乐观、开朗的人，还是个性沉闷的人，都不擅长跟斤斤计较的人打交道。那么，我们在与这类人打交道时，应当注意哪些社交技巧呢？

1. 注意自己说话的方式

总有人的说话方式很直率，当他们看到别人遭受挫折或难堪的时候，往往会不分场合和时间地说出来。当然，这并不是什么坏事，可却会在无形之中让别人感到十分尴尬。尤其对于那些爱斤斤计较的人来说，他们会觉得你是有意让他们难堪的，他们会觉得你是在嘲笑他们。因此，我们与他们交往时，应当注意一下自己的说话方式，顾忌一下别人的感受。

2. 学会理解对方的想法

虽然我们现在的生活水平明显提高了，但依然有一些人自小就生活在贫困家庭，对他们来说，“节约”二字几乎是需要用一辈子去贯彻的事。因此，这类人几乎是舍不得吃，舍不得穿，或者沉迷于讨价还价。因此，我们与斤斤计较之人交往时，应当试图站在他们的角度上思考问题，不要总是看事情的表面。

3. 学会满足对方的正当要求

有些人在面对涉及个人利益的事情时，比如奖金和奖品等，就会表现得十分亢奋，生怕别人把他的东西抢走，怕别人把他的荣誉给取代。因此，我们在遇到这种情况的时候，只要对方的要求是合理的，我们应该尽量满足对方。

4. 学会拒绝对方不合情理的要求

斤斤计较的人有一个突出的特点，就是在维护自身利益的同时，还想方设法地谋取额外的利益。比如有奖金的时候，他们还想要奖品等。这类人是典型的“吃着碗里的看着锅里的”。因此，我们遇到这种情况时，需要委婉地告诉对方，这件事情不能按照他的想法来，这是公司规定或老板规定等，我们需要及时把对方的贪婪扼杀在摇篮里。

5. 尽量做到处事公平

有些人会凭借强大的工作能力成为公司的某个领导，也会因为个人魅力而受到领导与同事的喜爱。因此，这些有一定权力的人，在面对斤斤计较之人时，应当尽量做到一碗水端平，以此来避免对方对你的无谓指责和纠缠。

6. 控制自己的情绪

我们肯定会碰到形形色色的人，有些喜欢斤斤计较，有些性格开朗，有些胆小懦弱。很多时候，我们都会因为别人对自己的指责而感到难过。因此，当我们因为别人的斤斤计较而感到厌烦时，要记得控制好情绪，尽量保持淡定。

7. 学会换个角度考虑问题

在面对斤斤计较的人时，我们最先想到的是他故意找茬，我们会下意识地认为，对方是因为看不上自己而故意刁难。可所有事情都是有两面性的，只要我们换一个角度想想，把对方的折磨当作鼓励与鞭策。记住那句话，内心充满阳光的人看到的世界都是美好的。

第四节　要成熟，但不要世故

我们身边有很多人都不懂如何区分成熟和世故。他们可能会把世故的人看作成熟，然后加以赞赏；却把某些成熟但拒绝世故的人，不屑地说成是幼稚。

成熟的人对想要的和能要的都很清楚，他们知道只有舍才有得，也知道什么是对，什么是错。成熟的人能在大众面前坚持真理，而世故的人只会为了减少内心的压力去“随大流”。

成熟的人坚持原则，不会因为一些世俗的利益轻易地放弃自己的原则，他们能顶住压力，知道做出一个正确的选择，虽然这个选择可能只有少数人支持；而世故的人只知道随波逐流。

成熟的人知道哪些礼节是必要的，也知道哪些礼节是多余的。而世故的人则不同，他们只在乎礼节，一味地高调地参与表面的东西。

赵辛楣给方鸿渐去了封电报，
推荐他到三闾大学任教授。
可高校长觉得方鸿渐至多能做副教授。
但电报已经发了，这事如何是好呢？

高校长猴精，见到方鸿渐就说："收到我的信没有？"

方鸿渐蒙了："没有呀，我真没收到……"

高校长跳起来："这信很重要，哎……"

一下就把方鸿渐整得愧疚起来。

高校长说："我愿意请先生来当政治系的教授，因为先生是辛楣介绍的，说先生是留德的博士。可是先生自己开来的履历上并没有学位……"

鸿渐的脸红得像有一百零二度寒热的病人。高校长又说："部里定的规矩呆板得很，照先生的学历，至多只能当专任讲师，教授待遇呈报上去一定要驳下来的。我相信辛楣的保荐不会错，所以破格聘先生为副教授……"

方鸿渐又羞又恨，顿时气概全无。

一个烫手问题就这样被完美解决。

这是《围城》里的一段人性刻画。看到钱钟书对人性刻画得如此明白，大家不由得想，钱钟书也是个"极通世故"的人。可是，虽然钱钟书在作品中显示出"世故"，但在现实生活中却不是一个世故的人，虽然他经常会用一些巧妙的方法处理生活中的难题，但这更多是一种因为阅历而产生的成熟，而非世故。钱钟书始终保持着文人的清高和傲骨。知世故而不世故，处江湖而远江湖，人情冷暖已看透，赤子之心永不丢。这种洞察世事却又能保持天真的境界才是真正的成熟。

生活中，有不少人都觉得人际关系很难应对，他们渴望自己能尽早成熟，却对世故和成熟无法分清，最后陷入世故的泥坑中无法自拔。

成熟是一种特殊的魅力，它跟世故是格格不入的。就像街头放着一堆西瓜，不管它的数量有多少，对于买西瓜的人来说，只分为三种：生的、熟的、熟透的，人们只会挑熟的买。而男女老幼，从心理年龄上看也只分成三种：幼稚的、成熟的、世故的。幼稚的就相当于生西瓜，成熟的相当于熟西瓜，而世故的则是熟透的瓜。放下生瓜不谈，又有谁喜欢熟得快要烂掉的西瓜呢？

世故是一种可怕的衰老，因为你一旦进入到世故的状态，不管是年轻人还是老年人，都如同在精神上进入了生命的黄昏。世故之人很少有激情，他们也不会制造浪漫的氛围，因为他们的头脑里已经没有了浪漫情怀。

世故的人也很少有创造力，因此，那些名留青史的大文人、大画家、大音乐家等，没有一个是世故之人，甚至那些真正成功的企业家和大商人中也没有世故之人。

世故者只能在权势和金钱的阴影下苟延残喘。现如今，之所以有那么多人崇尚世故，有那么多人变得世故，原因就是权势和金钱的影响越来越大。因此，我们在社交的同时，一定要避免和世故之人交往，他们只会把你的精神拖入黄昏。而成熟的人则不同，他们不但能对你提出中肯意见，还能对你的性格起到潜移默化的影响。

成熟的人能看到人生的黑暗，却不会被黑暗吓倒。成熟的人表面上很平静，但内心却有一股熄不灭的火焰。在面对黑暗时，成熟之人会感到不平，却不会悲观；世故者也能看到人生的黑暗，但他们却分不清本质与现象，只能随波逐流。当他们因为事业、生活和爱情等受到打击时，就会冷眼观世，觉得人生只剩下残酷。

成熟的人信奉互惠互利、互相帮助的习惯。他们懂得有福同享，有难同当，会让人觉得“患难见真情”；而世故者在考虑问题的时候，会先从自身的利益出发，他们与人交往的热情通常与对方的有用程度成正比。

成熟的人在遇到问题时头脑冷静，对原则懂得坚持，做事有主见，明白自己该干什么，不该干什么；而世故的人更习惯见风使舵，他们喜欢投人所好，八面玲珑。因此，他们在与人交往时不论对错，一律采用“随风倒”的方法。

成熟的人遇到问题，敢于把自己的意见讲出来，敢做敢当。他们常常是小事糊涂，大事清楚；世故的人更愿意采用游戏人生的态度，这类人往往是“滑头主义者”，专搞中庸，擅长“墙头草”。即便碰到原则问题，他们的回答也是模棱两可，以期明哲保身。

当然，我们在社会交往中还是很难判断谁是成熟者，谁是世故者。因为他们都经历过生活的艰辛，经历过人生的磨难。但成熟之人会把挫折当成振奋的起点，他们会重新认识自我，然后奋发向前；后者在受到打击后，常常借此机会一蹶不振，甚至还会和恶势力同流合污。

成熟是一种美好的气质，而世故则是疾病。成熟之人常被人误以为有“心机”，而世故的人却被认作“真性情”。但一番交流后高下立见。所以，我们在社会上行走时，一定要培养自己成熟的气质，少一点世故的感觉，这样才能在社交中成为受人欢迎的人。

我们都应当随着年龄的增长而变得成熟，而不是随着年龄的增长越来越世故。

第五节　你不是坚持，只是固执

众所周知，“坚持”是个褒义词，而“固执”却是个贬义词。除此之外，二者具体有什么区别，很多人都说不清楚。因为坚持和固执都代表不听从别人的意见，可为什么坚持是褒义词，而固执是贬义词呢？对于这个问题有这样的解释：如果你最后的结果是成功的，那你就是在坚持；如果你最后的结果是失败的，那你就成了固执。当然，这只是一句笑谈。二者之间的本质差异其实就像一位心理学家说的：坚持的人对自己的方向和目标坚持；而固执的人则是对自己的情绪和方法坚持。

有一类人，他们属于懂得坚持的人，因为他们都有梦想，他们知道自己想要的是什么，知道自己要达到什么样的目的，所以，他们不会受他人意见的左右，只会坚持内心的声音，走自己的路。这类人懂得坚持自己的梦想，但他们的方法并不死板、僵化。他们懂得根据实际情况，采用灵活的方法追逐梦想。他们懂得在恰当的时候选择妥协，他们可以迂回前进。执着的人对目标执着，却不在乎实现目标的手段，他们不受情绪的控制。

固执的人通常会受到情绪的影响。他们坚持的只是自己的情绪，只拘泥于自己的方法而不是梦想。他们甚至没有梦想，也不会把眼光放得长远。这类人只是受情绪的支配，固执地按某种僵化的办法来完成某事。

打个比方，一个人不小心撞到了墙上。由于这堵墙是无主之墙，于是他大怒，非要把墙给拆掉再走。就在拆墙的过程中，他发现这堵墙异常结实，同伴就劝他："干脆放弃吧，绕个路不就行了吗？或者架个梯子爬过去也行啊。"可是他都不同意，死活要拆了墙再走，这就是固执。与此同时，另一个人也在一旁拆墙。可是他拆墙的原因是他知道那堵墙下面埋着许多金子，只要把墙拆掉，他就能获得金子。可以说，他是有目标的，他不会拘泥于拆墙这一种办法，他也试过挖地道，但是行不通，他只好继续坚持拆墙。虽然一样是拆墙，但两个人的行为却完全不一样。

再比如，有两个人同时发现一只兔子撞死在树桩上。于是，其中一个开始守株待兔，而另一个人却不拘泥于死等的方法。他在等的同时，还采用了挖陷阱、下捕兽夹、弓箭狩猎等多种办法来捉兔子。虽然二者都是对捉兔子的坚持，但前者只能叫固执，后者才能叫坚持。

对于同一类人的同一种行为，在不同的阶段也会有坚持和固执的分别。

美国曾经有个人力排众议，坚持要生产每个人都能买得起的汽车，而且这款汽车还要优质、廉价。虽然他经历了多次失败，但始终坚持，不改初衷。后来，他的坚持终于取得了成功。他凭借自己的坚持，改变了美国人的生活方式。他就是全世界第一个使用流水线而让汽车得以大批量生产的汽车大王福特，他的行为自然是当之无愧的坚持。

十多年后，汽车在美国已经成为家家必备的普及品。像福特汽车这种质优价廉，但造型不佳、动力不强的汽车已经没办法继续满足人们的追求了。于是，亲朋好友们纷纷劝福特对汽车进行转型升级，可福特却拒绝了，依旧选择让他成名的"T"型车。

几年后，福特公司的效益越来越差，甚至被之前不放在眼里的通用公司一举超越，福特公司一直到几年后推出新车型才得以重整旗鼓。这个阶段的福特就是属于固执了。

福特为什么会这样呢？这是因为一个人对自己的行为和观点都会产生感情，尤其是这种行为和观点曾经让他成功过。此时，他若被别人否定，就会陷入一种不良情绪，然后不知不觉就变成了固执。因此，当你所谓的“坚持己见”遭遇众人反对时，不妨先想一想：你到底是在坚持梦想，还是被不良情绪影响而坚持某种手段？

只有分清执着和固执，才对你做出正确选择更有帮助。

尹麓接到一个电话，是某银行的信用卡中心打来的。对方告诉尹麓：“由于您一直信用良好，且有很强的还款能力。所以，我们特意为您推荐一款贷款业务。在您原本的额度上增加 12 万元的贷款额度，如果单笔金额超过 3000 元，就会自动为您进行分期。而且分期的手续费能享受 7 折优惠。”

信用卡中心业务员讲第一遍的时候，尹麓就已经听得很明白了。他考虑了一下自己的情况，然后拒绝了这项服务。可是，对方不依不饶，反复对尹麓进行说明，仿佛他不办理，就是天下最傻的傻瓜一样。

于是，尹麓对业务员说：“我有 3 点原因你听一下。第一，我短时间内不会有超过 10 万元的大额开销。第二，就算手续费再打折，也是需要收取的，你说了我的还款能力强，既然我有能力一次性还清，为什么还要办分期？第三，你们这个自动分期是违背个人意愿的事，客户想分就分，不想分就不分，为什么要银行来决定？”

说到这里，尹麓以为对方听明白了就会放弃了。可是，电话里的业务员却不管不顾地继续说:“先生，您没听明白，不是这样的。由于您一直信用良好，且有很强的还款能力。所以，我们特意为您推荐一款贷款业务。在您原本的额度上增加 12 万元的贷款额度，如果单笔金额超过 3000 元，就会自动为您进行分期。而且分期的手续费能享受 7 折优惠……”

看到对方不停重复这一套台词，尹麓再也受不了这个固执的业务员了，赶紧挂断了电话。

其实，上面故事中这位业务员就是固执地使用一套台词，如果客户拒绝，她就不停地说是客户没有搞清楚。其实客户听明白了，而且很明白，没搞懂的是业务员自己。如果她不这么固执，而是灵活地换个话题，比如说:“虽然您近期没有大额的开销，可万一突然决定全家一起去旅游，或者添一个大物件呢？计划总是赶不上变化。”如果换点诸如此类的说法，也许客户耳根子一软，也就同意了。

为什么有些人的坚持让人感动，可有些人却固执得让人讨厌？因为固执的人总是站在自己的立场上看问题，就比如这位信用卡业务员，她想的只是怎样拿下这个单子，想着怎样让尹麓乖乖地把钱放进她的口袋里。但她却忽略了最重要的一点，那就是客户的感受。试想，客户被业务员弄得十分烦躁，他还会接受业务员推荐给自己的东西吗？客户一定是先接受业务员这个人后，再接受她带来的附加东西的。正所谓做事先做人，就是这个道理。

固执的人总是把别人当成白痴，殊不知自己的行为才真正让人生厌；而坚持的人总是灵活多变，在达到自己目标的同时，也不会损害他人的利益。

第二章

文化因素：什么是你的绊脚石

夏虫不可语冰，不要为了跟他人辩驳，而把自己的智商拉低。

第一节　三观不同，不相为谋

古人有云，“道不同，不相为谋”。在社会交往中，也有这样一条金科玉律，即“三观不同，不相为友”。所谓的三观指的是世界观、人生观和价值观，如果三观不同，是不可能当朋友的，哪怕是普通朋友都做不了。因为三观不同，就很难在沟通的时候有所交集，即便彼此能寒暄片刻，最后也是鸡同鸭讲，彼此索然无味。

在社交中，人与人都应该随心相交，不需要费尽心思揣摩对方的意思；如果对方让你看不清，那就远离他，何必劳心费神地猜测呢？人生短暂，每个人的精力都是有限的。虽然说互相理解，换位思考，但三观差异大的人恐怕是很难做到的。比如，一个人信奉金钱万能，那你说破天，他也不会理解为何有人会视金钱如粪土。毕竟每个人的行为准则都只限个人，我们无权对别人的三观指手画脚。

这个世界上，我们有很多瞧起来不太顺眼的人，究其原因，都是因为三观不合。可这又有什么关系呢？你过你的独木桥，我走我的阳关道，彼此不求心照不宣，但求相安无事就好。

我们实在无须把太多人请到生命里，因为生活不需要过多陪衬。如果有三观相合的好友，我们得以一路同行，那便风雨同舟；如果我们三观不合，那就淡淡一笑，无须多言，只做彼此的过客。

古语云：以利交，利尽散；以势交，势败倾；以权交，权失弃；以情交，情断伤；以心相交，方能成其久远。同道则能共行，知心则能互信。

每个人的社交都像一趟列车，有人上车，也有人下车。对于这些形形色色的人，有人只是过客，有人会短暂停留，也有人会一直坐到终点。途中，不管那个下车的人多熟悉，都不必去追，因为分别不会让人们渐行渐远，让人渐行渐远的只有三观。

很多人纳闷，为什么自己多年的好友会逐渐与自己形同陌路，那是因为你们在三观形成的过程中渐行渐远，然后活成了彼此无法理解的样子。对于此，我们无法切身体会别人活成什么样子，因为我们没有经历过别人的人生。可是，我们能在与之交谈时窥见一个人的三观。

一个人的三观决定了他在你眼中是个什么样的人，对于此，我们不一定要认同，但尽量要理解。正是这种不认同，才导致了好友们的渐行渐远。

高中时，罗茜、芦薇和梅琳是出了名的好姐妹。毕业后，罗茜上了本市的一所“三本大学”，而芦薇考上了本市一所“二本大学”，梅琳则到另外一座城市上“一本大学”。

聚少离多，3个人的联系也越来越少。可是偶尔聊天时，彼此也觉得并不尴尬和陌生。真正让3人发现回不到过去的不是因为距离，而是因为某一次聚会。

寒假，梅琳放假回来，3个人约好一起回母校看看。见面之后，3人都很开心。中午，她们去学校附近的商场吃饭，路过一家名牌店时，罗茜指着里面的包包对梅琳和芦薇说：“就这个包呀，好几个男生都买来送我呢，柜子装都装不下了。”

罗茜的语气里充满了骄傲和不屑。

芦薇一脸羡慕，梅琳却只觉得惊讶，脱口而出：“随便收别人礼物不好吧？”罗茜没觉得尴尬，只是轻描淡写地说了句“不要白不要啊”。

吃饭的时候，梅琳问起芦薇的小说写得怎么样了。没想到芦薇自嘲地笑了笑，说：“那时候真是年轻啊，居然说自己要当什么作家。”

芦薇的语气里满是自我嘲讽。

梅琳问芦薇大学毕业之后有什么打算，芦薇一脸平和地说：“找一份专业对口的工作吧，最好能考个公务员，比较稳定。其实我对未来也没什么要求。而且，工作好不如嫁得好，男方家都会有车有房的，我嫁过去，男方给我父母养老就可以了嘛。”

一时间，梅琳不知道该说什么了。对于芦薇的话，罗茜倒是很认同，她连连点头地说：“没错，只要找个舍得给你花钱的‘大款’，这些就都不是问题了。”

梅琳无言以对，只能默默地埋头吃饭。

自从那次见面后，3个人就再没有一起聚过。芦薇和罗茜依旧保持着良好关系，而梅琳却跟二人逐渐失联了。

其实，上例中3位女生的想法和观念也是如今大部分女生的想法和观念。对于这些，有些人觉得很有道理，有些人却始终没办法认同。当然，我们没有权利去批评别人的三观。但是，我们在发现对方和自己三观不符时，却有资格选择不继续跟这样的人做朋友。

对于三观这个东西，一直都没有一个严格的分界线。没有谁能用一个标准去划定它好与坏，有些人的三观跟世俗不同，却不能说是错的，而有些人的三观符合主流，我们也不能说它一定是对的。

网上有一段话是这样写的:“三观不同，一句话都嫌多。我想，人和人之间一定存在磁场这回事，沿着三观向外辐射。有人说了千句还是拉不近距离，有人坐在对面不说话也不尴尬。你一个眼神，他大概就懂了。频率相似的人顺其自然就会聚在一起，磁场不合的人讲几句话也是在翻山越岭，你始终到不了目的地。”这段话是说，人与人的关系好坏其实跟距离并没有多大关系。能让人渐行渐远的也从来不是“异地”这样的问题，而是三观。

试想，古人在那个没有手机、电脑的年代里，友人与自己一别千里，除了车马和很慢的书信往来外，再无更多联系。可是，我们在离开了久居的地方后就没有朋友了吗?

如果三观契合，到处都是自己的朋友。就算多年不曾见面，多年未曾不联系。某天偶然碰面时，也没有尴尬的感觉，只有久别重逢的喜悦和聊不完的话语。

如果三观相悖，就算每天同住在一个屋檐下，也只觉得彼此是“话不投机半句多”。即便朝夕相处，心也相隔万里。

人生的道路有千万条，每个人都会选择一条不同的路。我们的三观让我们选择了这条路，就意味着跟我们三观不符的人会选择了另外一条路。我们选了这条路，就注定另一条路上的朋友无法跟我们继续同行，但我们会在这条路上碰到更多与我们三观契合的好友。

人生长路漫漫，我们越往前走，就越会筛去不同的人。我们身边留下的都是与我们三观契合、志同道合的人。而那些三观不同的朋友早就在各个分岔路口与我们“道不同，不相为谋”了。所以，不用为渐行渐远的关系感到忧伤，他们没有选择我们，是因为他们不愿意把自己的三观委身于我们，我们也是如此。因此，在社交中并不存在谁抛弃谁，也不存在谁遗忘谁，有的只是一种顺理成章的选择而已。

如果你发现面前这条道路上只有你一个人，那也不用害怕，不用担心，时间早晚会帮你筛选出志同道合的人，然后与你一同前行。

第二节　有抱负的人与抱怨的人注定合不来

我们经常能听到抱怨之音：抱怨房价的涨幅，抱怨三线城市的工资，抱怨幸福感很低，抱怨亲人朋友对自己不理解，几乎生活中每一件不顺心的事情都能成为我们不断抱怨的根源。然而，问题在抱怨之后并不能得到解决，只是过个嘴瘾，然后就又回到老路子上。

职场上，能抱怨的事情就更多了。就拿古代帝王来说，没有哪个皇帝喜欢爱抱怨的臣子。对于这类臣子，有容人之量的皇帝可能会对其很冷落，气量稍微小一点的，甚至会将臣子杀之而后快。同理，员工如果在职场中对领导一味抱怨，领导又怎么会欣赏这样的人呢？

其实，不管是领导还是员工，几乎所有人都活在自己的不顺心里，抱怨的话题多了，每个人都开始怀疑自己究竟适不适合现在的工作。有的人选择跳槽，发现新单位也不过如此，换汤不换药；有的人干脆辞职，去寻找自己的诗和远方，却发现兜里没钱寸步难行。于是，大家开始怀念老单位，也不由得悄悄问自己：当初我为什么要抱怨呢？这些不顺心的事放在职场中，难道不是再正常不过的事吗？为什么有些人能忍，我却忍不了呢？

这个问题就是根源。

为什么有些人能在生活中顺顺当当，在职场中顺风顺水，而你却不行。究其根源，是因为他们有抱负，而你只有抱怨。

有抱负的人，他们的目标非常清晰。比如，我在职场中一定要做到总经理的位置。那么，在我达到自己的目标前，所有不顺心的事都不会成为我的烦心事。

而不管是生活中的抱怨，还是职场上的抱怨，归根到底就是一句话，“我想改变，但不想努力，希望生活能改变，要变得对我有好处”。这种想法当然是一种自私且无能的想法。如果你的社交圈子里有这样的人，我只能建议你立刻停止这段社交，远离他的抱怨。我们不应该抱怨，也不应该让别人的负能量慢慢腐蚀自己的内心，不要让抱怨浪费自己的时间。

抱怨是失败的开始，抱负才是成功的基石。美国著名的社会心理学家费斯汀格有一个很出名的“费斯汀格法则”：生活中，有10%的事情由发生在你身上的事情组成，而另外的90%则来源于你对所发生的事情如何反应。

早上，卡斯丁洗漱的时候顺手把自己的高档手表放在洗漱台边。妻子怕这块手表被水淋湿，特意拿下来放在餐桌上。儿子起床之后，匆忙跑到餐桌上拿面包，却一不小心把手表碰到地上摔裂了。

卡斯丁看着裂掉的手表心疼至极，于是把儿子狠狠地揍了一顿，顺便还大骂了妻子一通。妻子很不服气，跟卡斯丁大吵了一架。

一气之下，卡斯丁摔门而去，直接开车到了公司。到公司后，他发现自己的公文包忘了拿，于是赶紧调头回家。

妻子和孩子早已出门，家中没人，钥匙又放在公文包里。无奈的卡斯丁只好给妻子打电话，向她求助。

妻子听着卡斯丁焦躁的声音，挂掉电话后心急地往家赶，却不小心撞到了路边的水果摊，水果摊主不依不饶，妻子无奈，只得赔了一笔钱才摆脱了对方。

等拿到公文包后，卡斯丁发现自己已经迟到了15分钟。到了公司后，卡斯丁被上司一顿臭骂，他的心情也坏到了极点。下班前，气急败坏的卡斯丁又跟同事吵了一架。

妻子因为提前下班被扣除了当月奖金。儿子到学校参加棒球赛，原本很有希望夺冠，却因为早上的一顿打导致发挥失常，在第一局就被对手淘汰了。

卡斯丁一家人过了极其郁闷的一天。

我们来看上述这个例子，“手表摔坏”只是10%的事件，后面一系列事情就是另外的90%事件，造成后面90%事件的根源就是卡斯丁的抱怨。

要知道，你嘴里的言语影响着你的社交，如果卡斯丁不用指责和抱怨的方式去解决问题，那后面的一切就都不会发生。

面对社交中的各种情况，每个人都有选择的能力。抱怨是不成熟的标志，是希望别人来解决自己的问题。而成熟的人在需求没有获得满足时，懂得独立自主解决自己的问题。

成年人要做成熟的事，因为你不能要求任何人为你的人生负责，能为你负责的只有你自己。在社交中，大部分的抱怨都不是别人对不起你，而是你自己所想、所做、所为的结果。

决定人能否成功的不是聪明也不是力量，而是面对变化万千的世界你能否充满抱负，快速适应。要知道，抱怨是解决不了任何问题的，你需要的只是提高自己的“抗挫力”。

伤害你的人其实才是你最好的老师。他们能不断磨炼你，让你知道自己的软肋在哪里，哪里需要变得更强壮。

你需要知道，哪里都会有不尽如人意的地方，哪里都会有不顺眼的人和不顺心的事儿。就算你跟全世界最完美的人在一起，也会有让你失望、不爽、甚至愤怒的地方，这些都是人生必须经历的。面对这些，请你放弃抱怨，因为你所能做的远比你认为的要多。有抱负之人和有抱怨之人最大的区别不是他们的经历不同，而是他们在经历这些事情之后问了自己什么。这 4 个问题是有抱负之人常挂在嘴边的：我想要什么？我需要提高什么？我学到了什么？我能够做些什么？当然，你可以选择抱怨，但你也可以选择创造。正是这一次次的“选择”，才决定了你的现在与未来。

如果我们在社交的时候总是得意时少，失意时多，那我们就需要学会在各种苦难面前都不对抗、不逃避、不抱怨。尽力改变可以改变的，接纳不能改变的。我们应该努力让生命中的一切挫折都变成自己人生的财富。

其实，每一次抱怨的背后都有一种更好的选择，那就是“改变现状”。如果你选择改变现状，做一个不抱怨的行动者，那你就会发现自己的社交圈子宽广了很多。

下面是 3 条改变抱怨心态的训练方法。

1. 换个角度思考问题

抱怨就像哈欠，往往是一个传染一个，非常容易把人陷进相同的负面思维中。此时，你需要立刻换个角度想问题。

职场培训师特雷弗·布莱克曾说：“当你的脑海中产生抱怨的想法时，先别让它脱口而出，立刻换个想法。比如当你觉得‘房子真贵，我没钱买’时，不妨换个想法，‘等我有钱了，我就能把它买下来，我得好好工作了啊’！”这样就能给大脑一个积极的暗示，也能让你更好地调整自己的心态。

2. 转移不良情绪

如果负面情绪根深蒂固，很难用转换角度的方式来消除，还可以试试“物理疗法”，也就是拿出耳机听听音乐，或者去外面跑跑步等。

3. 常做感恩练习

爱抱怨的人可能在短时间内都很难做出改变。但是，我们能通过一些感恩小练习，来增加自己对快乐的记忆。比如每周可以抽出几天时间，在睡觉前或起床后，列举五件让你感恩的事情。最好是细节明显的具体事情。

有抱负的人从来不抱怨生活，因为他们总会努力思考解决问题的办法。也不要把人生想得太艰难。因为走过生命的逆旅，经历过人世的沧桑后，谁都会忧伤，谁都会彷徨。每个人的旅途既有苦雨寒箫的幽怨，也有月落乌啼的悲凉。

只有经历了寒风冷雨的苦砺，才会有阳光灿烂的日子。多一些抱负，少一些抱怨，你就会发现人生随时可以豁然开朗。

第三节　夏虫可以语冰吗

早晨，子贡正在打扫院子，突然有一身着翠绿衣服的人到访。

那人问子贡："请问孔子在家吗？"

子贡摇头："不在。"

那人又问："你是孔子的学生吗？"

子贡如实回答："是的，请问您有何见教？"

"您是孔子的徒弟，名师出高徒，想必您的见识也是十分丰富的吧？"

"惭愧。"

"那么，我想请教您一个问题。"

子贡听说来者有求于自己，便很爽快地回答："好。"

那人说："其实，我的问题十分简单，请问一年究竟有几个季？"

子贡毫不犹豫地说："四季。"

那人听闻后，一脸不屑地说："您真是孔子的徒弟吗？那您怎么会不知道，一年只有3个季节呢？"

子贡理直气壮地告诉对方，一年确实有四个季节。但对方也毫不相让，二人开始了长时间的争论。

孔子回来后听到二人吵架，问子贡原委。子贡如实说出，让孔子来评定是非对错。然而，孔子打量了一下来人后，笃定地说："一年的确只有三季。"

来人大笑，接受了子贡的道歉后扬长而去。等那人走后，子贡不解地对孔子说："一年明明有四个季节啊。"

孔子点头："是的。但是，方才那人身着一身绿衣，分明是田间的蚱蜢。蚱蜢生于春天，在秋天就死亡了。它的一生只经历过春、夏、秋三季，从来没有见过冬天。所以，在它的脑子里根本就没有'冬天'的概念。你跟这样的'三季人'争论，就算辩上三天三夜，也不会有什么结果。"

《庄子》中记载"夏虫不可以语于冰者，笃于时也"。不少人在看到这个道理之后，都会认为别人才是夏虫，于是沾沾自喜，告诉自己不必与之计较。其实，故事的本质并非是夸赞自己，而是让我们不要因为显而易见的小事与人争个脸红脖子粗。这个故事的重点也在于让人们知道"笃于时也"的道理。那么，究竟何为"笃于时也"？就是说，他们的限制在于时间。就像夏虫在秋季死亡，根本不知道世界上还有冬季一般。庄子所说"吾生也有涯，而知也无涯。以有涯随无涯，殆已"也正是这个道理。

在这个世界上，所谓的"三季人"实在是太多了。这类人总是顽固地坚持自己的想法，他们不愿意寻找新的方法，遇到问题的时候，只能不断抱怨自己的处境。

其实，我们每个人都有"三季人"的特点，在这种情况下，读书便是一种好选择。因为读书能让人的思路更加开阔，也更能获得灵感。通过读书，人们可以调整自己的心态，获取解决问题的办法。

我们如果用“四季人”的眼光去看待“三季人”的行为，马上就会心平气和了。大部分情况下，我们发脾气的原因都是因为自己站得不够高，还没有达到“四季人”的境界。因此，我们在与人争辩前还是先要完善自己，并且通过原谅别人来获得解脱。当然，我们在社交中也不能逃避现实。大部分情况下，当我们认为自己的想法是正确的时候，其实并非是正确的。因为我们自己偶尔也是“三季人”。其实，是“三季人”，还是“四季人”，这个问题本身并不重要，重要的是你用什么样的心态去看待这个问题。

在每一个恪尽职守的团队中，“三季人”也是不可或缺的。就像唐僧带着自己的团队完成了西天取经的任务，不仅是因为他本人对取经任务矢志不渝，也是因为他 3 个徒弟拼命辅佐。

在唐僧的团队中，猪八戒就是一个典型的“三季人”，而且他一直到最后都是“三季人”。而能翻天蹈海的孙悟空在最开始也只是个“三季人”，可西天取经的任务完成后，他便成了“四季人”。

在社交中，“三季人”和“四季人”同样重要，缺一不可。

我们所知道的东西也会受时间限制，毕竟人穷尽一生，也不可能知道所有的知识。从这一点来看，每个人其实都是“夏虫”。当然，有这样的心态，与把别人看作夏虫完全不同。这样的心态在社交中并不存在优越感，但却有实实在在的好处。比如在与社交对象聊天时，对方知道我们所不知道的事情，我们会本着自己是“三季人”的心态认真去听。试想，如果我们一直把社交对象看作夏虫，那么，即便我们没有对其产生言语上的不尊重，也不会对对方所说的话听得很认真。

如果你想在社交的过程中让彼此的聊天变得很愉快，最好的办法就是假设对方知道你不知道的事情，因为从宏观角度看，我们每个人都是夏虫。当然，这仅仅是关于社交的一点智慧。很多人认为，社交的妙招就是多听少说话。其实，这只是其中的一个方面，最重要的还是要在社交中把对方当回事。

在人际交往中，只有你把对方当回事，对方才会把你当回事。除却这种沟通技巧外，《庄子》中还提到了另一种社交方式——“真者，精诚之至也，不精不诚，不能动人，故强哭者，虽悲不哀；强怒者，虽严不威；强亲者，虽笑不和”。对于这段话，其大意就离不开一个诚字。说得直白一点，就是提倡大家都要真话，不要说谎话，即便是社交中需要夸人，也要发自肺腑地去夸。同时，我们还要注意一些社交常识，比如谎言也需要来源于心中的善，如果一个人在对别人撒谎时不是发自内心的善意，而是想凭借谎言获得虚荣或利益，那最后害的还是自己。

对人真诚是我们从小了解的“社交道德”。可有的人会说，真话在很多情况下都太伤人，是不是说假话更好？当然，毕竟这个世界上永远不可能非黑即白，真话与假话之间，自然还有别的话。这种话可以是善意的谎言，也可以是无伤大雅的玩笑，可以是踢回皮球，更可以是幽默风趣地自嘲。就像“三季人”中的孔子，他虽然对“蚱蜢”撒了谎，但却制止了纠纷，还避免了伤害“蚱蜢”的感情。孔子这样的社交手段才是我们必须要具备的。

第四节　沟通的目的不是赢

沟通永远是最重要的，尤其是与亲密的朋友进行交流时，沟通技巧可以说是最难处理的问题。如果要结束一段关系，最好的办法可能有两种，一种是在沟通过程中发生争执，另一种是双方死寂般的沉默，压根不去沟通。这就是社交中一个奇怪但却有趣的情形：两个人明明是因为彼此吸引，然后走近，产生沟通。可是到最后，两个人又因为沟通的问题彼此分开。在这种情况下沟通是错的，因为有时候双方的观点不一样，碰撞的时候难免伤感情；可是，不沟通还是错，如果两人连话都说不上，继续交往还有什么意义？

要解决沟通问题，最关键的其实只有一点。就是关系越亲密，我们在沟通的时候就越不能讨论对错。

情侣在聊天过程中，沟通不应该是谈判，不应该是辩论，也不是在搞什么学术性的研究讨论，更不应该是两国最高领导人式的交涉。情侣之间发生的绝大部分都是一些无关痛痒的小事，但正是这些鸡毛蒜皮的生活琐事才让关系亲密的两个人逐渐反目成仇。事后，我们经常会问自己，这些事情重要吗？并不重要，可当时为什么吵起来了呢？为什么冷战了呢？就是情绪到这儿了，我们控制不住自己要去这么说。毕竟再有默契的两人，也不可能不交流地过一辈子。

姬媛的男友酷爱玩手机，除却睡觉，在工作的时候他都一直捧着手机，姬媛对此大感不满。

一日，姬媛问男友房子的装修问题，男友一边打游戏一边敷衍着。姬媛很生气，便跟男友耍起了脾气。男友也不理睬她，等到吃饭的时候，才问她为什么生气。

姬媛劈头盖脸地谴责男友热爱游戏胜过自己，男友眉头一皱，说："用得着这么大惊小怪的吗？这么一丁点小事，值得你发那么大的火？"

姬媛本来已经消气了，一听男友这个态度，顿时火冒三丈。姬媛开始不断地唠叨，她试图证明男友现在的做法跟以前截然不同。她明确地告诉男友："不是你打游戏让我生气，而是你成天打游戏，而且态度让我寒心和气愤。"

男友说："你怎么又翻旧账了，咱俩在一起这么久了，哪还能跟以前一模一样啊？"

姬媛被男友气得目瞪口呆，说不出一句话，于是决定冷战，不再理他。而男友乐得继续玩游戏，也懒得去哄姬媛，双方的感情竟走向了破裂的边缘。

归根结底，几乎所有的争执都源于当一方在说事情时，另一方没听进去，或者站在反方当场驳斥你的观点，或者爱答不理地反而指出对方的错误。当然，有不少人都知道自己没必要这么生气，也没必要因为一点小事计较，但当时的情绪就像着了魔一样，非要坚持自己，非要通过伤害对方来彰显自己的正确性。不知不觉间，不少人都把爱情当成战斗，非要拼个你死我活，非要把对方压倒才算满意。

为什么两人在当朋友的时候彼此相安无事，而且互相喜欢，但走到一起后，却因为太熟悉太亲近而导致分开？真的是其中一方变了吗？其实并不是，只是越亲近的人，越容易在沟通的时候暴露出双方的差异。真正懂得维护感情的人，知道比起输赢，更重要的是两个人之间的亲密关系。他随便说说，那我就随口附和，他跟我辩论，我就选择认输。因为此时的认输反而赢得了关系；此时的胜利反而会让你追悔莫及。少点说教，多点温情，这才是亲密关系沟通中的不二法门。当然，对亲密之人如此，对待陌生人尤其是客户就更应该如此。

赵广为了使用一张“满 100 减 30”的抵价券，就一次性团购了 3 张游泳票。

第一次使用的时候，赵广只用了其中的一张。第三天，赵广再次来到游泳馆，却被服务人员告知：“打折券在取票后必须当天使用，否则就作废。”

赵广当然表示不理解，因为打折券的票面，以及团购的页面详情里都没有任何提示，当天打印票券时，也没有工作人员提示过他这个信息。而且，他不明白如果每人每天只能使用一张券，为什么对方让他同时团购 3 张，还要一天之内用完这 3 张。

赵广以上述理由要求继续使用已经付钱的这两张票。但是，他跟游泳馆的工作人员根本不在一个沟通频率上。对方并不想解决问题，只是一直固执地告诉赵广，自己也是按照老板定下的规矩办事，虽然这个规矩没有被标注出来，但从团购的最开始，这个规矩就有了。

之后，工作人员用不屑的口气说：“你团购了 3 张电影票，出票就无法退票了，而且你这场次没赶上，明天还能再来看一场？”

赵广对这样的强盗逻辑简直是无语了，对方扯来扯去，就是要告诉赵广，他们是按规矩办事，一点儿责任都没有。

这场口舌之战来来回回进行了一个多小时。最终，赵广也不愿意多说了，生气地准备离开。

此时，一位经理走过来，对工作人员说：“虽然这不符合规定，但他那么想在这儿游，你就放他进去得了。”

赵广哪有心情游泳？于是暗自赌咒发誓，永远不来这家游泳馆，也让自己的亲戚朋友再也不来这家游泳馆。

对赵广来说，这次争辩让他损失了几十元钱，对游泳馆来说，他们损失了一位常年游泳的顾客，可能还会失去更多潜在客户。这明显是两败俱伤的沟通。

赵广想达到的目的很明确，就是继续使用他团购的两张打折券；而游泳馆工作人员的目的也很明确，那就是推脱自身责任。双方在沟通过程中一直反复强调自己“没有责任”这一点。当然，这点确实是这次沟通的“胜负点”，谁能赢了这个，谁就能达到自己的目的。这么直白的问题，怎么可能会有人去做让步呢？可是，如果双方能从彼此的利益出发，站在对方的角度去沟通，彼此让出一步，只做妥协性而不做胜负性的沟通，这次沟通就会更高效，也能更快地达成统一。当然，这一切的沟通都应该建立在正确的原则上，如果只是因为妥协而妥协，就会失去自己的立场。要知道，不管是跟亲密之人还是陌生人社交，沟通的目的是为了达成共识，而不是为了赢取辩论的胜利，因此，双方没有必要非得争锋高下。

既然事情都费劲到需要通过沟通来解决了，也就不会存在绝对的胜利，单方面的胜利往往是绝无好处的。此外，沟通也是有成本的。只有在不失去原则的基础上，才能更快更高效地让双方达成统一，这也是社交中最好的沟通。

第三章

社会因素障碍：跟任何人都能聊得来

跟所有人都能社交是一种本事。

第一节　你吃甜粽子，还是咸粽子

每个人在长相和个性上都是独一无二的，这不仅受家庭教育环境的影响，也受到地域文化的影响。就拿南方人与北方人来说吧，差别还是很大的。一般来说，一提到南方人总是性格细腻、温和，为人务实、肯干，做事注重效率和效益；而北方人大多性格粗犷、热情，为人极重感情。同样是中国人，为什么南方人和北方人就有这么多的区别呢？其实，这跟南北方的气候等都是有关系的。北方人大多身材高大，喜欢靠体力取胜。加上周围地理环境都是相对简单的平原平地，“风吹草低见牛羊”。因此，北方人的性情大多豪爽大方，缺点就是思虑较为欠缺，喜欢冒险，在解决问题的时候更倾向于通过暴力解决。北方气候较为寒冷，人们喜欢聚在一起取暖聊天，或涮火锅或包饺子，人际交往比较频繁。久而久之，北方人就养成了不拘小节的性格。北方人对别人的称呼也比较随性，有时候不管对方年龄大小，都喜欢叫一声兄弟或者师傅。南方人则不同，看长相，南方人大部分属于秀气、娇小型，在外形上没有北方人那样粗犷。但是，南方人往往喜欢动脑子，遇事冷静，不会轻易动手。南方人比较有生意头脑，做事勤奋，踏实肯干。南方人注重细节，也力求完美，这一点从南方的精美饮食便能看出一二。再看称呼，南方人喜欢用先生、女士之类的正式称谓。北方人讲义气，感情胜过一切；南方人重内容，遇事、办事比较冷静，喜欢讲求“亲兄弟明算账”。在社交中经常碰到与自己地域不同的人，这时候就要注意言谈举止了。

王乔是北方汉子，平日里大大咧咧。上大学后，王乔跟从江苏来的南一成了舍友。刚进宿舍的第一天，王乔就有些看不上南一。

舍友一起吃饭，几乎每个人都请过客，只有南一装傻充愣。有一次，王乔起得晚，让南一帮自己带瓶矿泉水。南一不情愿地给他带了一瓶。王乔接过水说：“谢谢。”南一却认真地告诉他：“店里只有农夫山泉的，两元钱。”

王乔有些诧异，他从小到大就没见过南一这么抠的人。身为同一个宿舍的，自己也请南一吃过好几次饭了，他竟然连一瓶水钱都要算清楚，明摆着是不把自己当朋友。于是，王乔开始有意地疏远南一。

对于王乔的行为，南一也早就不爽了。大家都是学生，还没有挣钱，就算挣钱了，大家也只是大学舍友的关系，请别人吃饭简直是浪费。

南一想，亲兄弟还要明算账呢，你要请客是你的事情，我并没有请客的打算。如果要聚餐，南一从小到大都是AA制，他不明白为什么王乔对金钱的概念这么模糊。

久而久之，两人的关系越来越僵……

上面故事中，王乔、南一二人都犯了一个错误，就是把别人当成了自己。他们觉得自己的地域文化才是正确的，而自己觉得正确的事情，别人也会觉得对。这当然是不对的，毕竟每个人都有自己的思想和思维模式，在人际交往中，最重要的一点就是尊重别人。说白了，就是把别人当成“别人”，尊重对方的个性。

兵法云：“攻城为下，攻心为上。”我们虽然都是生活在现代的人，但面对一些社交问题时，这句话却也同样有效。

每个人所处的地域环境和文化习俗都各不相同，表现在社交中的形式也会有所不同。比如，有人喜欢在众人面前积极表现，有人喜欢默默无闻地埋头苦干；有人喜欢体育，有人喜欢文学。我们不能因为自己喜欢默默无闻，就把积极表现的人称作“爱显摆”“人来疯”；同样，我们也不能因为自己喜欢体育，就把热爱文学的人称作“书呆子”。

我们在社交中需要做的，就是充分尊重别人的个性，不要因为对方跟自己的想法不一样，就否定对方的思想。如果这样，肯定会影响你与他人的正常关系。就像我们熟知的西游团队，正因为这个团队的每个队员都有自己独特的个性，而且每个人都是不可代替的，才让这个优秀的团队最终完成了“西天取经”的任务。

唐僧一心取经，诚心礼佛，他的举止相当文雅，而且为人和善，在佛法方面也有极高的造诣。同时，他疾恶如仇，不畏艰难，不怕苦难。他虽然英勇无畏，但有时候又过于迂腐，面对问题时不懂得灵活应变。

孙悟空天资聪颖，无论是思想还是行为都相当敏捷。他有一身高强的法术，不但能上天入地，还拥有七十二变化，一个筋斗能翻十万八千里。可是，他也有一个弱点，那就是做事容易冲动。

猪八戒是出了名的好吃懒做，既贪财，又好色。遇到事情贪生怕死，总想半途而废。但为人温和，憨厚单纯，在遇到大是大非时也非常英勇。他对孙悟空言听计从，但容易被诱惑，不分好坏。

沙和尚在西天取经的路上似乎存在感不强，但是他任劳任怨，对唐僧忠心不二，而且心地善良，朴实忠厚，是个默默无闻的实干派。但他的缺点也是过于老实，缺乏自己的主见。

就像《西游记》中的唐僧师徒，每个社交圈子都是由不同的成员组成的。在这个圈子里，不可能每个成员的个性都完全一样。他们每个人都各有优缺点。随着彼此的磨合，他们也会相互尊重、相互理解的。只有这样，这支团队才能成功地完成了取经任务。

尊重别人的个性，就相当于尊重我们自己。首先，我们必须知道尊重不是单方面的，而是相互的。比如夫妻之间需要在生活中学会尊重对方，才能携手走得更久；同事之间需要在工作中学会尊重对方，才能让彼此的友谊长青；邻居需要在谅解中学会尊重对方，这样才能彼此和睦相处；上级或长辈需要在批评中学会尊重对方，才能让下级或小辈认识自身错误，不断成长和进步。

我们应该让自己学会如何尊重别人，容忍别人。当对方的行为是我们无法欣赏和容忍的时候，我们不妨告诉自己，这是别人对自己的本性进行发散和表现。因此，我们在针对那些“看不惯”的行为时，与他们发怒，就如同与挡住我们去路的石头发怒一样愚蠢。

真正聪明的社交技巧，就是在现实生活无法改变的时候，能尊重别人的个性，适应别人的个性，包容别人的个性。只有这样，才能让你的社交圈子变得更加精致。

第二节　伸手不打笑脸人

中国有句老话，叫“伸手不打笑脸人”。很多人不明白这句话的含义，试想，当别人一边赔笑脸，一边对你承认错误时，你还好意思打他吗？我们为人处世时也需要注意这一点。如果别人愿意对我们赔笑脸，那我们就不应再去责备他，这也是社会的“潜规则”之一，毕竟伸手不打笑脸人更反映出我们的自身修养。

在人际交往中，如果别人犯错之后能够主动承认错误，我们却依旧对其怒骂责罚，就会有失风度，当然别人也会不高兴。谁都有犯错的时候，因此我们要学会宽容。当别人笑着道歉时，给对方一个台阶下，这才是聪明人应该做的。

大学毕业后，陈凯来到一家建筑公司，经过几年的努力，他终于熬成了设计总监。人少年得志总会摆出一副高高在上的样子，对犯错的下属也难免有责骂的行为。但陈凯却不是这样的人，如果犯错的下属能主动认错，他不但不会辱骂对方，反而会笑脸相迎。因此，不管是员工还是领导，大家都认为他的修养非常好。

一日，陈凯让员工把自己精心修改的设计图送到工地，可是，员工在去工地的路上，碰到了之前的朋友，二人好久不见，闲聊了好久。临走的时候，员工突然发现图纸不翼而飞了。员工心急如焚，立马到处寻找，最后，他终于在一辆垃圾车上发现了图纸。原来，负责地面清洁的阿姨见掉在地上的图纸，还以为是谁随手扔的垃圾，于是捡起来丢进了垃圾车。当员工拿回图纸时，图纸已经褶皱不堪，而且沾满了灰尘和垃圾，不少地方也变得模糊不清了。

员工暗自叫苦：这可是陈总监费尽心血，用好几天的时间才修改好的设计图，现在竟然被我弄成这样，我根本无法向他交代啊！

员工抱着被臭骂一顿的心理准备，回到陈凯的办公室跟他承认错误："陈总监，我去工地的路上碰到一个朋友，在聊天的时候不小心把图纸弄掉了，对不起，您扣我工资吧！"

陈凯听了之后，内心确实因图纸被弄模糊而生气，可看见员工主动赔着笑脸认错，气也消了七八分。陈凯对他说："你能主动向我承认错误，这是你能够承担责任的表现，我很欣赏你的态度。虽然图纸模糊了，但那些设计理念在我的脑海中，我可以花一些时间重新修改好，但你下次一定要注意，绝对不能再犯这样的错误。"

陈凯对员工宽容相待，这值得我们学习，因为只有懂得宽容别人的人，才能赢得别人的尊重。在别人主动向你承认错误时，我们就不应该再让对方难堪，只有试着去宽容别人，才能体现出我们的修养，也能反映出我们的社交智慧。

作为领导，假如你不能做到宽容御下，就很难俘获人心。只有对你的员工怀有宽容之心，才能让他们心甘情愿地为你办事。当然，上例中员工的社交智慧也很值得我们学习。试想，如果这位员工认为自己弄花设计图是在所难免的，不肯认错或者为自己的行为大找借口，就会让领导觉得你这个人没有担当。

不管是在职场还是在日常生活中，我们不但要培养自己宽广的胸怀，还要学会伸手不打笑脸人。在与他人交流或相处的时候，要记得给自己留点儿口德，不让自己的话伤害那些对你有好意的人。这件事说着简单，要做到却也并不容易。尤其对一些容易冲动的年轻人，会有些不经大脑思考的话脱口而出，这样就很容易伤害别人。俗话说得好，“良言一句三冬暖，恶语伤人六月寒”，对别人在语言上的伤害是无法完全弥补的。

一位樵夫在山上砍柴的时候救了一个孩子。孩子的父母知道这件事情后，对樵夫感激不尽。善良的父母为樵夫准备了丰盛的晚宴，准备答谢樵夫，同时还邀请樵夫在家中过夜。由于家中房屋窄小，父亲把他的屋子让给樵夫，自己睡在马棚。

第二天早上，樵夫准备离开。孩子的父亲问樵夫：“请问您昨晚住得还满意吗？”

樵夫口无遮拦地说：“嗯，饭菜还不错，唯一让我感到不舒服的就是你的房间，跟你身上一样，有一股骚臭味儿，满屋子都能闻到。”

孩子的父亲听完后很不开心，但是嘴上依然说：“为了补偿您，您把我家里唯一的马牵走吧，不然我心里过意不去。”樵夫听完后，就把马带走了，在牵马的过程中，樵夫的刀不小心砍伤了孩子的父亲的手臂。

很多年后，樵夫到山上去砍柴，又跟这一家人相遇了。樵夫问孩子的父亲：“你手臂上的刀伤好了吗？”

孩子的父亲说：“手臂的伤痕很快就好了，可心里的伤却永远都好不了。您上次在我家中说的话、做的事，我大概一辈子都不会忘记。”

就像上例中提到的，在语言方面的伤害有时候比刀伤更伤人，樵夫对那一家人的口无遮拦也给善良的父亲造成了极大的伤害。对于一些初入社会的年轻人来说，更应该以此为鉴。在说话之前，一定要先想想自己的话会不会对别人造成伤害。如果对方是一个十分善良的人，你不恰当的措辞不仅会伤害他，还会让你在事后自责很久，甚至招来众人的谴责。这不仅会影响你的社交形象，甚至会让其他人都对你避之唯恐不及，相信这一定不是你愿意看到的情形。

总之，我们在适应社会的过程中，一定要做一个宽容的人、有素养的人。对于笑脸人，我们不应当伸手去打；对于善良的人，我们不应用言语中伤对方，只有为自己树立一个良好的社交形象，才能最大限度地被社会所接纳。那么，我们在社交中应该如何做一名“笑脸人”呢？

第一，时时保持微笑。微笑是人与人之间重要的“润滑剂”。与人发生矛盾时，我们可以用善意的微笑化解剑拔弩张的气氛，能让原本敌对的关系变得融洽起来。微笑可以传递人与人之间最真诚的一面，也能展示出一个人的自信程度。在面对困难时，不妨给自己一个微笑，让自己的心灵放松，鼓足勇气迎难而上。

第二，学会不计较。职场中最忌讳的便是斤斤计较，反之，宽容会为你扫清很多障碍。在职场中保持宽容，不但能让你赢得机会，还能让你获得众人的喜爱，赢得众人的拥护，同时获得良好的人际关系。

第三，多夸赞对方。虽然当今社会竞争激烈，但我们在竞争中脱颖而出也并非难事。夸赞别人能让你走上捷径。当然，这里的夸赞并不是溜须拍马，夸赞领导能让其笑逐颜开，夸赞员工能让你收获助力。善于夸赞的人总是容易被接纳的，夸赞可以创造出巨大的力量，让你的社交事半功倍。

第三节　交浅不言深

“交浅言深”一词原出自《后汉书·崔骃传》，其原文为：“骃闻，交浅而言深者，愚也。”意思是说，跟交情尚浅的人进行推心置腹的深谈，其实是件愚蠢的事情。正如大文豪苏东坡给皇帝的上书中提到的那样——“交浅言深，君子所戒”。

由于历史中的“前车之鉴”太多，“交浅言深”逐渐变成人际交往中的忌讳，一些过来人不断地告诫后辈，对关系不到位的人千万不要“言深”。那么，我们应当如何判断“交浅”与“言深”呢？

“交浅言深”虽然只有短短四个字，却谈到了社交的本质。

先看“交浅”。人与人之间的关系，其发展内容无非是这样的模式“陌生——亲密——疏远——关系终结”。社会心理学理论认为，人际关系的发展过程其实是表层交往向密切交往过渡的，也就是渗透式的发展。交情的深浅就是看彼此的关系发展到了什么阶段，“交浅”指的就是两个人还在表层交往范围内的点头之交，对于处于表层交往关系的人，我们就不应当透露太多。

再说“言深”。首先，你必须熟悉一个概念：自我表露。自我表露是指有意透露跟自己相关信息的过程，这些信息通常都是重要的且不为人所知的。而言谈的深浅就是自我表露的程度高低。

人们能够从深度和广度这两个维度，来衡量自我表露的程度究竟如何。

深度，是指当事人自愿提供信息的深度。比如同事之间，除了讨论正常的工作外，开始无意识地讨论心仪的对象和家庭情况。再比如，男生对女生说“我爱你”，就比“我觉得你不错”的表露更深，而“我爱你，我要马上娶你”又比“我爱你”更深一层。

广度，指的是当事人自愿提供信息的广度，即所讨论话题的范围。比如，你和舍友从只讨论与学习相关的话题外，开始谈论最近的综艺和流行的歌曲等。

人与人能从陌生人变成终生挚友，也能从陌生人变成彼此的挚爱。从某种意义上讲，正是“交浅不言深”的渗透式自我表露，才让彼此避免了因表露太快而引发的不适。

说白了，喜欢“交浅言深”的人，往往是一群想走捷径的人。为什么有人明知道理，还会选择“交浅言深”呢？其背后的动机归结起来只有3个字——套近乎。

刚上大学的时候，大家彼此还不熟络，每个人都或多或少地带着一点羞涩，聊天的内容也局限于老师、同学和学校环境上。

熊婕刚到宿舍，就看到了何鸿放在桌子上的名牌包包与手表。熊婕立刻抓住了这一细节，她笑盈盈地对何鸿说：自己对她一见如故，感觉何鸿跟自己高中的挚友特别像。说着说着，熊婕就挽着何鸿的手臂，邀请她跟自己一起去吃午饭。

何鸿眉头一皱，她一向不擅长跟这么“热情”的人打交道，但碍于是同一宿舍的，何鸿还是任由熊婕拉着自己去了餐馆。

吃饭的时候，熊婕一直跟何鸿套近乎，比如有对象了没有？父母是干什么的？这种调查式套近乎也让何鸿非常尴尬，甚至一度让何鸿想到了自己的“三姑六婆”。

何鸿告诉熊婕，自己有对象，熊婕却意犹未尽地问：“你跟你男朋友有没有……”何鸿一皱眉，委婉地提醒熊婕：大家还不太熟，有些话可以问，有些话不适合问。但是，熊婕却不依不饶地继续套近乎。最后，何鸿只能沉着脸离开了。

熊婕就是一个不懂得“交浅不言深”的人。现实中还有不少这样的例子，有时候，你明明跟他不熟，他却偏偏要探听你的隐私。但说到底，社交是一场你来我往的活动，一厢情愿是没用的。这些人就是不明白与人交往其实贵在有分寸。

自我表露确实可以促进关系发展，而层次越深的自我表露，就能带来越亲密的关系，这也几乎是每个人跟他人建立社交关系的本能。就连小孩子都知道，彼此交换过小秘密的朋友会与自己变得更亲密，会让彼此的关系和其他同学不一样。既然如此，“交浅”为什么不能“言深”呢？这是因为这种策略需要承担巨大的风险。

首先，我们无法控制隐私暴露的风险。有不少人对“交浅不言深”这句话奉若圣经的原因，就是因为之前被人背叛过。比如跟某人说了自己的秘密，结果转头这个秘密就变得人尽皆知；跟某人说了其他人的坏话，结果当事人立马就知道了。这些惨痛的代价就是人们得出“交浅言深”是社交雷区的原因。当然，这些情形并非是“交浅言深”造成的，更重要的是识人问题。如果你把秘密告诉给你的挚友，而你的挚友原本就是个嘴上没把门的人，那即便你们关系再深，你的秘密也是透明的。而如果你把秘密告诉一个很可靠的人，即便你们的关系尚浅，他却可以为你守口如瓶。

如果你对其他人说了第三人的坏话，而被对方转告给当事人，不仅是你自己识人不明，也说明你的人品有些卑劣。君子坦荡荡，不应当在背后对他人进行评判，而判语一出，就要敢于担当，若你没有在当事人面前，把自己对其他人说的话原封不动再说一遍的勇气，那你就要管好自己的嘴，做一个磊落的人。

话在说出口之前，你是它的主人；话在说出口之后，你就是它的奴隶。

其次，拎不清关系是社交的毒药。让人感到舒服的社交关系，其前提是理清彼此的关系与身份。

当今社会，人与人之间的关系无非有以下几种：工作关系（上级、下级、平级）、地缘关系（各地区社团俱乐部）、血缘关系（直系亲属与旁系亲属）、学缘关系（室友、同学、校友）。

各种关系的亲疏远近是有别的，每个人在理清彼此的关系时，应当先掂量清自己的身份和地位，对于不同身份的人，要知道该说怎样的话。自我表露是需要双方共同完成的，“交浅言深”需要知道自己与对方的双方情况。

最后，因为信息不对称，容易触碰社交雷区。在交情尚浅的时候，彼此间最大的问题就是不够了解，彼此的信息是严重不对称的。若在此时“交浅言深”，就很容易碰到社交雷区。

社交中，有两方面的话题不管是关系深浅都不要触碰：

第一，对方对此类话题有苦衷的。比如财务状况、生病状况、情感状况等。

第二，对方对此类话题有强硬立场的。比如支持的球队、明星等，容易引发争执的话题。

与人交往，有些话等着交情深后再讲真的不迟。

第四节　与10种人来往的“社交之道”

在人类社会组织或社会结构中，“横向关系”和“纵向关系”就是社交中的两个基本关系。其中，横向关系指的是兄弟姐妹、同窗好友、同级员工之间的关系，而纵向关系则是父子关系、师生关系等。不管在什么社会，这两种关系都存在其中。当然，这些关系都只是依据条件，有些体现出差异，有些体现出均衡的社会状况。

家庭作为社会单位，在孩子的成长阶段一直起着其他环境无法替代的作用，每个人的性格都因为家庭环境的影响而有所差别。每个人所处的家庭环境都会因为父母的争吵让气氛变得紧张。在这种家庭中成长的孩子，往往在社交的时候下意识地封闭自己，不但不爱跟人交流，而且对别人缺乏足够的信任。孤立也会让这类人在遇到敏感问题时选择采用对抗心理，使其情感变化无常，无法自控，甚至产生攻击行为。而在缺少关爱的家庭中成长的孩子，性格会更加独立，其独立意识也会比其他人更强。这类人遇事有主见，且不容易改变自己的想法，这也是我们常说的“倔”。

柴程是做软件开发的，他的公司比较特殊，需要他在做开发的同时，还要负责运维和咨询。这也就意味着，柴程不但要负责产品的开发和运维，还要经常接客户的电话与之联络。

在工作中，经常有些胡搅蛮缠的客户在跟柴程沟通的时候出言不逊，甚至不是柴程负责的事情，也纷纷打柴程的私人电话让其在休息日解决，这让柴程不胜其烦。

晚上回到家，柴程的父母又在吵架，从他记事儿起，似乎父母的争吵就没有断过。这时，一个客户又把电话打到他的私人号码上，柴程接起电话:“喂?”不料，对方劈头盖脸地骂了柴程一顿，原来，柴程的同事小方因为受不了这个客户的胡搅蛮缠，又觉得柴程为人老实、内向，就把柴程的私人电话给了客户，叫客户找柴程处理。

柴程因为小方在编程方面的错误，又替小方挨了顿骂，火气本来就压不住，加上客厅父母的对骂声一声更比一声高。失去理智的柴程摔了手机夺门而出，来到公司跟小方大吵了一架，甚至还动了手。这件事闹得公司人尽皆知，小方受到了警告，柴程也因为这次事件彻底跟晋升之路说再见了。

我们在社交中应当如何跟各种性格的人打交道呢？下面，我给大家提供与10种不同性格之人交往的“社交之道”，供读者参考使用。

1. 偏执且刻板的人

偏执且刻板的人往往是社交中的雷点，因为当你热情、客气地跟他沟通时，他却不会对你客气。这类人对问题有偏执的看法，而且很难听进别人的劝告。有时候，他甚至不会听你说话，直接把你的建议忽略掉。与这类人交往时，切记不能操之过急。留心他的一言一行，顺着他感兴趣的话题展开你们的谈话，这样才能在闲聊的气氛中以融洽的方式进行沟通。

2. 寡言的“闷葫芦”

寡言的“闷葫芦”在社交中自带冷场效应，也是“话题终结者”。当你说完自己的看法后，他却不能给你回应。因此，与这类人社交时不要指望对方会跟你滔滔不绝地谈问题，你需要给对方一个容易进行下去的话题。

多数情况下，你可以把要谈论的问题简化，尽量让对方能用简单的“是”或者“不是”来回答你，这样一来，就会避免很多沟通方面的麻烦。另外要注意的是，跟这类人说话不要兜圈子，要直白地说出你的看法，否则就很难得到确定的答案。

3. 说话不经大脑的“糊涂虫”

说话不经大脑的“糊涂虫”虽然没有恶意，但从来不为自己说过的话负责任，只会信口开河。如果你跟这样的人较真儿，那你就输了。因为重要的不是跟他商量，如果你跟他商量，就会掉进他无意中设下的陷阱，最后还会用“无心”和“开玩笑”之类的托词让你苦不堪言。

4. 不露表情的“面瘫”

不露表情的“面瘫”并非是社交中最难打交道的人，虽然他们“喜怒不形于色”，但其城府却不深，只不过对社交有些漠然，对事物缺乏应有的反应。

与这类人交往时，需要你表现出从容不迫的气势，如果你因为对方的冷漠而逃避，就会给对方造成压力，你们的对话也会无疾而终。最好的办法就是让他对你的话深有触动，这样才能让交谈很容易进行下去。

5. 唯利是图的小人

唯利是图的小人凡事皆从自身利益出发，为人自私。与这类人交往，最重要的是抑制自己强烈的厌恶感，除此之外，还要注意不要被对方出卖。与此类人交往很容易，只要投其所好即可，因为他们就是唯利是图的人，只要给予好处，同时保持警惕即可。

3. 顽固不化的“老古董”

顽固不化的“老古董”比刻板、偏执的人更可怕，因为他们坚持的都是被时代淘汰的“糟粕”，根本毫无用处可言。这类人最常见的行为就是倚老卖老，他们喜欢训斥持有不同意见的小辈，只要对方稍加反驳，他们便大发雷霆。对于这种人要速战速决，必要的时候对他们表现出表面上的顺从，不要与这类人进行“拉锯战”，否则只会两败俱伤，得不偿失。

7. 莽撞、草率的人

莽撞、草率的人都是一副急性子，他们没有耐心思考和等待，因此，他们作的决定都带有一定的隐患。与之交往时，要切记不能听之任之，要注意引导对方按照你的思路走，把一件事说完再谈另一件，让你们之间的谈话能够有的放矢地进行。

8. 傲慢、不讲道理的人

傲慢、不讲道理的人听你讲话时经常流露出漫不经心的态度，甚至有些人会把鼻孔扬到天上去。这是社交中最不受欢迎的人，但我们往往会因为业务关系不得不跟他们打交道。跟这类人社交的秘诀就是说话简单明了，并且让自己的话带有威慑力，一边让他意识到事情的重要性，一边又不能耗费太多时间。切记，如果你表现出愤怒的样子，你就输了。

9. 深藏不露的智者

深藏不露的智者属于城府很深的人，他们从不轻易地对一些问题发表看法，对于自己不想讨论的问题，他们也会不着痕迹地转移话题，等你发现话题跑偏时，已经被对方牵到十万八千里了。跟这类人进行谈话时，要绝对保持注意力集中。对于重要的问题，我们绝对不能含混而过，先要摸清对方的意图，才能揣摩对方的心理。

10. 慢半拍的拖延症患者

慢半拍的拖延症患者不管是在生活中，还是在工作中，总比别人要慢上半拍的。对于这种人，我们切记不能着急，要有充分的心理准备，因为急也没有用。在谈话中，我们需要对其进行耐心地引导，并且放慢语速，等待对方的迟缓的思考。

第四章

个体需求障碍：寻找“强关系”

“强关系”是帮助你进行社交的灵方。

第一节　高情商的人都是怎样聊天的

现如今，不少年轻人纷纷涌入“北上广”，在面对城市的繁华时，很多人心里却塞满了无尽的孤独。人们总在集体中装作融入，在欢笑中装作满足。可在私底下，这些表面从不谈论寂寞的人却总在迷茫地寻觅答案——“我该如何融入新环境”？关于这个问题，似乎在多年以前只有老年人才会为之困扰，因为这几乎是所有到陌生城市、陌生团队的人所共有的问题。

要想融入新环境，加入新圈子，聊天是必不可少的。在新环境中，我们经常遇到这样的情况：聊天时接不上话、跟长辈没有话题聊、跟同事打完招呼就冷场、跟异性聊天语无伦次……这些社交中的尴尬都会让我们变得更加被动，甚至心生恐惧，开始怀疑自己的情商和性格。其实，聊天也是有讲究的，没有谁天生就会聊天，聊天的技能完全需要通过后天的修炼来提高。大多数人都会陷入某种歪理，认为聊天是人类与生俱来的本能，反而忽略了它是可以通过后天培养的这一特点。

吕向晨是一名超市理货员，由于超市经营不善即将倒闭，他也不得不寻找新的工作。在朋友的介绍下，他坐上了去北京的火车。

吕向晨虽然有本科学历，却也没有什么出色的能力，因此，不少公司都对他关闭了大门。眼看这个月的房租都要付不起了，吕向晨不得不广撒网，给很多公司都投了简历。

经过一番筛选，吕向晨发现只有销售类的工作不挑学历，也不挑特长，只要能卖出去东西就行。但是，吕向晨天生内向，不爱跟人家聊天。他的朋友很少，反而是网友比较多。可是，眼看着自己就要揭不开锅了，他只好去一家销售公司碰碰运气。

在销售类行业中，吕向晨的本科学历还算是拔尖的。因此，他很顺利地通过了初试。在面试环节，一名人力资源经理给吕向晨设定了一个场景，让他即兴发挥——对产品进行推销。吕向晨立马傻眼了。他犹豫半天，才磕磕巴巴地说了两句话，人力资源经理直皱眉头。面试自然也失败了。

因为这次面试失利，吕向晨回去之后苦练自己的“脸皮”，见谁都要上去聊两句，一度被小区里的人当成神经病。最后，他终于在北京找到了一份销售类的工作，并且准备在这个领域内一展拳脚。

有人会这样想：我一个人挺好的，不用跟人交流、沟通。我可以很肯定地说，这是不可能的，除非这个世界就剩下你自己。

我们为什么需要聊天呢？因为聊天就像我们体内的微量元素。我不说聊天就像空气，离了它谁都没法儿活。但是，如果缺少了聊天，短时间内看上去好像并无大碍，但若持续地流失，就会到达人体极限。因此，聊天并非是可有可无的。

一些日常闲聊从短时间内看似乎没有什么意义，但它却在不同的场合有着不同的用处。比如我们在表达自己喜悦的心情时，聊天就是在分享快乐；我们与人难过地发泄痛苦时，聊天就是在倾诉；当我们作为倾听者时，聊天就是对别人的开导；当我们没有特别情绪的时候，通过聊天也可能获得一些有用的信息。可以说，我们在聊天中都有着不同的角色定位。交谈就是这样，我们能在轻松、愉快的气氛中，获得我们需要的信息。我们能用不同的表达方式，在不同的人身上付出或收获，聊天还能帮我们在无意识的情况下筛掉无用的消息。举几个简单的例子，“小赵，你知道哪家火锅好吃吗？”“小刘，你昨天看的电影怎么样，值得一看吗？”“小王，你这身衣服从哪儿买的？”“小李，你这个眼妆画得真好，能教教我吗？”诸如此类的，其实都算作闲聊。但是，在这种轻松的氛围下，其聊天内容真的一点价值都没有吗？当然不是，聊天也是一种“八卦”的方式，我们对吃喝玩乐的信息更容易在聊天中获取。

我们跟别人进行聊天时，不但可以让情绪得以抒发，还可以从朋友那里获得一些信息，这也是人脉的作用。彼此间交换信息，也是社交的一大特点。

聊天好处多多，可很多人却无比苦恼，因为他们觉得自己在社交中就像根木头，根本不会说话。有些人一开口，还会让社交陷入僵局，甚至开玩笑就会惹人生气。于是，有些人开始惧怕聊天，拒绝社交。他们在社交中只能谨守“沉默是金”的准则。其实，社交并没有你想象的那么可怕，只要记住以下 6 点建议，你的聊天之路就能很轻易地开启。

1. 少抱怨

一个高情商的人不会把宝贵的时间浪费在抱怨上。因为抱怨确实是一件无聊的事，与其有时间到处抱怨，还不如花点时间想想应当如何解决这样的问题。此外，情绪就像某些疾病一样具有传染性，一个在社交中喜欢抱怨的人，也会把负面能量传染给其他人。这不但会影响自己的社交形象，也对别人相当不公平。

2. 乐观、积极

一个高情商的人能够始终对生活保持乐观，对工作保持热情，对人生抱有积极的态度。高情商的人能给身边人带来快乐，周围人在与其社交时，不用担心他会突然翻脸。因为一个情商高的人是可以控制住自己情绪的。

3. 真诚待人

一个高情商的人会真诚对待身边的人，不管是自己的亲朋好友还是路边的陌生人，这样的人就像一个行走的小暖炉，真诚待人的人自然也会获得大家的拥护。高情商的人懂得在人生道路上积累人脉，只有真诚待人，才能被别人真诚对待。

4. 敢于承担责任

一个高情商的人必定是一个敢于担当的人，他们不会推脱责任，在碰到困难和问题时，他们不会逃避，而是想办法解决。他们懂得发挥自己的优点，也敢于正视自己的缺点。

5. 保持学习的热情

一个高情商的人一定是一个自律的人。他们可以自律地安排自己的时间，每天都能保持对学习的热情，让自己不断进步。遇到不懂的问题，他们也会向别人虚心请教。

6. 懂得宽容别人

一个高情商的人不会跟其他人斤斤计较，他们有广阔的胸怀，也有包容的心态。一个懂得宽容的人必定能获得他人的喜欢与认可。反之，一个喜欢抓住别人的痛点，或者喜欢把对方的缺点无限放大的人，自然也让别人避之唯恐不及。

第二节　为什么他们不愿意帮你

“关系”是我们经常提到的词。可是，常有这样一个现象存在于大部分人的社交圈中：有时候，我们原本以为这种“关系”是相当深厚的，可到了关键时刻却不一定有用。比如，做直销生意的朋友都知道，直销是最能检验自己“关系”有效与否的职业。在启动直销生意时，大多数人的第一反应都是找最亲密的人，比如自己的父母、亲戚或同学、老友。可结果往往是一个电话打过去，除了两三个人毫不犹豫地同意外，其他人都纷纷表示委婉地拒绝。这时候，做直销的朋友就会很纳闷：为什么有些看起来相当亲密的“关系”在遇到考验的时候却很脆弱？

原因很简单，这些所谓亲密的“关系”其实只是你自己的一厢情愿。就比如最好的朋友、同学，如果他们不支持你，很可能是因为你的实力还不够，你索取的东西不能跟他们进行有效的价值匹配。就像你索取他十分，却只能为他提供三分。如果此时他碍于友情的面子来帮助你，就会让自己损失很大，甚至影响你们之后的友谊。因此，你跟他的这份“关系”就不够让他做到倾囊相助。

蓝雨和向芃聚在一起吃饭。席间，两人不知不觉就谈到了友谊的“功利性”。

蓝雨是一名编辑，有一段时间，她想转行去做编剧。大学里一位学姐早她几年入行，现如今已经是一名声名显赫的编剧。因此，她特别希望学姐能在这方面帮帮她，比如在有剧本时能给她一个机会，带带她，让她能锻炼一下自己的能力。

学姐对蓝雨的要求很客气地答应了，可是，后来蓝雨却得到了消息——学姐手上有好几个剧本，但她宁可找外人，也不把这个机会给她。

蓝雨很郁闷地对向芃抱怨：“为什么明明是校友，还是一个专业的学姐，她却不愿意帮帮我？”

向芃的抱怨更加直接：“别提了，我有一个正在洽谈的项目，正好是我大学的一个铁哥们儿在负责。你说，按我俩的交情，这个项目百分之百会落到我手上吧？结果呢，让我大失所望，这个项目最后给了别人。”

蓝雨问：“你没有问问你的哥们儿吗？”

向芃一脸郁闷地说：“他告诉我，委托方是第三方，他说话的分量不够。我知道，这肯定是借口，因为只要他大力引荐我，那些项目最后还是会落到我头上的。”

两个人各怀心事地喝了口茶，不禁又发出一阵叹息。

蓝雨和向芃都因朋友“放弃”自己而深感受伤。其实，她们需要反思一下是不是那个真正功利的人是自己。如果她们平时没有积极地维护这些关系，那么，所谓铁打的友情也不过如同镜花水月般虚幻。

你可以问问自己，平时有没有多“赞”一下对方的“朋友圈”？有没有在他需要帮助的时候，用你的能力多帮他一下？如果答案是否定的，如果你只是在用上人家时才临时抱佛脚，那人家也不会不遗余力地帮助你。而且，只有足够优秀的人，才能谈得上拥有关系。

你的关系广，并不是说你认识的人很多。认识的人多，并不能证明这些人都会在你遇到危机时拉你一把。说到底，能力才是硬道理，一切都要靠实力说话。只要你有足够的实力，就永远不会缺所谓的“关系”。也就是说，你“被利用的价值”越高，你的关系就越硬，在你需要帮助的时候，别人才越愿意帮你。只有足够优秀的人，才能呼之即来。反之，如果你的能力和地位与你的社交野心不符，即便你认识再多人，也只不过是无效社交。因为再好的关系与交情，也是需要双方互相维持的，如果在社交中只想从对方那里单方面地索取，用不了两次，人家就会对你敬而远之了。

有时候，我们对没有帮助自己的朋友会选择原谅，甚至觉得对方不帮助自己也是理所应当，但对亲人和挚友则不同。如果对方没有帮你，你就会觉得有巨大的心理落差。可是，这个世界上确实没人有义务一定要帮你。如果对方愿意帮助你，你就应该对他表示感恩，如果对方不愿意帮助你，你也应当保持心平气和。在你的“关系”遇冷时，则不妨做出以下的反思。

1. 你自身的实力是否足够

如果答案是不够，那你就需要好好积蓄实力。很多人都爱把“道不尽的世态炎凉”挂在嘴边，但这的确是有一定道理的。为什么“富在深山有远亲，穷在闹市无人识”？就是因为你需要做一个有利用价值的人，你想让朋友帮助你，就要有帮助朋友的能力。如果暂时不能为朋友提供等价值的东西，那就好好修炼自己。

2. 你有没有尽力去帮助别人

有人问，这个世界难道就没有无私的帮助吗？当然有，可是，如果你把别人对你无私的帮助当成理所应当，那你就需要去检查一下自己的人品了。抱怨别人不帮助自己的人，绝大部分是能力很差，一事无成却心怀愤懑的人。这样的人很自私，而且永远都不知道满足。

别人并没有一定要无私帮助你的义务。当人家愿意帮助你时，大多是因为你的人品，或者你曾经帮助过他，或者你将来能为他提供帮助。

3. 你有没有维护好这段“强关系”

这里所说的“强关系”，指的并不是你的亲戚朋友，而是当你遇到困难时，能够真正为你提供帮助的人。当这段“强关系”能为你提供帮助时，你就要用心来维护这段关系。如果下次“强关系”拒绝为你提供帮助，你就应当反省一下自己是否哪里做得不好。

如果反省过后，发现自己的确存在很多问题，那就好好改进；如果认为自己是问心无愧的，那么就坦然接受吧。

第三节　能力是“1”，人脉是“0”

网上有这样广为流传的一句话：你的能力是“1”，你的人脉是“1”后面的“0”。如果没有这个“1”，即便后面有再多的“0”也没有意义。

现如今，有不少人沉浸在无效社交中，因为他们不懂什么才是社交的本质。心理学上说，社交的本质分为两种：一种是功利社交，另外一种是共情社交。

共情社交是每个人都希望获得的社交，是指我们为了获得情感方面的体验，为了打发无聊、舒缓情绪或为了共同的兴趣而产生的社交行为。比如张三和李四都喜欢打篮球，那么，不管张三是中年大老板还是李四是待业青年，即便是亿万富翁和乞丐，都能在一起聊 NBA。

功利社交则没有那么简单，这是一种以经营人脉资源为目标的社交。这种社交从本质上看，只是某种意义上的交换关系。因此，双方交往的基础就是彼此有对等的价值关系。比如你想吃我手上的苹果，没问题，先把你手上那支香蕉给我。

当然，总有人喜欢把这两种社交混为一谈。最常见的就是，大部分人总要求共情社交的朋友帮自己做功利社交朋友该做的事情。

楚天阔有位好友是英语专业的，他找这位好友帮弟弟翻译一篇论文，好友犹豫了一下，碍于面子同意了，于是熬了几个通宵。楚天阔拿到论文，一边翻一边对着黑眼圈的好友说了一句“谢谢”，连看都没看他一眼。

过了两天，楚天阔的另外一位朋友去澳洲旅游。楚天阔听说澳洲有一款保健药品很热销，就让朋友帮他代购。机场上，朋友的朋友提醒楚天阔，让他给朋友一点跑腿费，毕竟带回的产品数量都是有限的，关税需要朋友补缴。楚天阔一脸不屑:“是朋友还要算钱?”

从机场回来，楚天阔碰到了一位当设计师的朋友，他突然想到，公司老板让自己这个周末印一些自己的名片，于是，他想让这位朋友帮自己免费设计个名片。没想到朋友明确地拒绝了他，因为他真的没时间帮楚天阔设计东西。楚天阔十分不满，于是，他逢人便说:“不就是往一张图上加点字吗?都是朋友，竟然这么绝情。”

楚天阔就是把这两种社交混为一谈的典型例子。这似乎是国人的通病，大部分人都喜欢先跟别人打造共情社交，与他人称兄道弟，关系亲密后，再对其提出各种的需求，这样对方就不好意思拒绝了。但这显然是不对的，谁都不是傻子。作为朋友，他们可以在你难过的时候对你进行劝导;在你无聊的时候，他们可以陪在你身边;在你开心的时候，他们可以陪你一起疯。但是，当你对他们提出各种需求时，不要忘记如果你的资源不够对其进行互换，那你就变成了索取方，只会给对方造成负担和压力。毕竟没有谁能一直容忍对方的单方面索取，如果你不能给你的朋友提供相应的价值，那你们的友谊就会岌岌可危，甚至无疾而终，而你的社交也会变成无效社交。

宋淼打算创业，有很多次都说自己手头紧张，来找马原借钱。马原二话不说就把钱借给了宋淼，因为宋淼每次都非常认真地把欠条写下来，并且加上还款日期与本金利息，甚至还注明了身份证号码，因此，大家把钱借给他的时候都非常放心。

宋淼与马原认识十多年了，马原对他的人品非常信任。有一次，宋淼在写欠条的时候，马原忍不住对他说："你这不是多此一举吗？我们都信得过你，而且你每次都是这样认真对待，最后也能及时把钱归还给我们。"

宋淼摇摇头，认真地说："这个利息收不收是你的事，但我不能因为你愿意把钱借给我，就把这个当成你的义务，你对我的钱和情，我都不能不还。"

正因为如此，宋淼在朋友间的人缘一直很不错，有不少人都跟宋淼保持着密切联系。

宋淼始终记得社交中的边界是什么，也就是自己应该做什么，不应该做什么，他把别人对自己的友情与义务分得很清楚：

对待共情友谊，就只能提出共情类需求，比如你在伤心难过的时候找他们一起分担，在快乐愉悦的时候，找他们一起分享；对待功利性交往的时候，就必须通过功利社交的方式，与对方进行沟通。

做一名穿梭于各种场合的"交际花"确实毫无意义，因为他们辛苦经营的人脉其实并没有多大用处。可是，不少人都痴迷于这样的无效社交：有些人在饭局、酒桌、KTV、桑拿房之间流连忘返，与一些人称兄道弟，可后来遇到事情，想找这些人帮忙的时候，人家却一脸迷茫——我认识你吗？有些人在各个网站上通宵达旦，就为了跟进一些明星或名人的言论。后来，有些事情想找名人详谈，在发送了好友申请之后，却迟迟不能被通过。有些人挤地铁、坐公交，流连于各大讲座场所，与不少名人都见了很多次。于是，他们自以为与名人的关系密切，可上去要签名的时候，还是会被保安拦住。这些事情说明了什么呢？认识并不等同人脉，很多时候，我们的社交人脉并没有什么用。就像我们有了名人的电话，但当我们真正需要帮忙时，大多情况下，名人也不会愿意帮助一个对自己毫无价值的人。

与其把时间和精力放在无效社交中，还不如多看几本书，用心提高自己。

小路曾是一家著名媒体平台的记者，当时，依靠这个平台他认识了很多社会名流，很多人一听他是来自于这个平台的记者，也都上赶着与他结交，一时间，他的朋友圈里充斥了各种名人，让他不免有点飘飘然，觉得自己很了不起。

觉得自己“了不起”的小路慢慢开始看不起身边的人，对人越来越没有礼貌，甚至对于给他机会的平台也丧失了敬畏，在人面前动辄抱怨自己的老板和上级。终于有一天，觉得“平台限制了我的发展”的小路离开了这个平台，选择自己创业。然而等到他开始自己创业的时候才发现，那些名人并不是真的看重他，而看重的只是给他机会的平台，当得知小路不再是那家媒体记者之后，那些名人就再也没有理他了。

知名情感作家源靖曾经也分享了自己的故事。大学时候，源靖还是一个默默无闻的小男生，把他放在人群中，他一定会被埋没。因此，周围的同学都对他不冷不热的，当源靖鼓足勇气，对自己心仪的女生表白时，也直接被女生拒绝了。

毕业之后，源靖决定当一名作家。于是，他先是下了一番苦功，考上了心理咨询师，后来又奋发写作，笔耕不辍，最后终于成了知名作家。这时，那些曾经对他不闻不问，甚至嗤之以鼻的同学都围了上来，向源靖请教一些情感上的问题，而那个被源靖告白却拒绝他的女生也主动给他发了信息：为什么我当时没发现你原来这么优秀！

对此，我们都不禁发出了感慨。没人知道成功之人在背后下了多少苦功，看了多少书，见了多少人。源靖也应了那句流行语：今天你对我爱理不理，明天我让你高攀不起。但是，若想让别人高攀不起，也不能只靠脑子想想、嘴上说说，这样只能过一时之瘾。只有真正努力，爬到别人难以企及的高度，才能真正让人高攀不起。

“你若盛开，蝴蝶自来”，只有用心打造自己，真正让自己变成一个独立、优秀的人，这才是最能吸引人脉的方法。打造自己，就是打造人脉。

第四节 “功利”社交很重要

从某种程度上说，我们选择的社交对象可以决定我们的事业成败。毕竟经常与一些成功人士保持来往，可以把我们的人生和事业推向一个高潮。相反，如果我们把有限的时间和精力都耗费在无效的人际关系上，就会对我们的事业甚至人生产生消极的、负面的影响。但不要忘记，有来就有往。就拿追星来说吧，假如你是事业有成的亿万富豪，你就可以跟明星称兄道弟；可如果你只是个一事无成的人，恐怕连见明星一面都很困难。可是，大多数人都愿意与名人攀谈，却喜欢跟比自己差的人交往，这是为什么呢？从社会心理学上看，他们主要是怕跟强者在一起时相形见绌，挫伤自己的信心。这并非是值得谴责的事，而是人性的弱点。不管是东方还是西方，不管是男人还是女人，都或多或少地存在这方面的问题。

有些人的自尊心很脆弱，害怕自己在强者面前受到冲击和伤害，因此，他们不愿意跟强者站在一起。于是，他们的社交圈子中只有几个有限的老同学、老同事，这些朋友彼此可以平视，交往起来感觉很安全，也很轻松，不会影响到自己的自尊与自信。闲来无事，大家可以聚在一起，或者吃饭，或者聊天。彼此没有需要避讳的事情。不管谁有困难，大家都能伸手帮一把，哪怕说点安慰的话解解愁。诚然，这类交往能够满足沟通的需要，可如果你想有更大的发展，这个圈子就显得有些狭小了。

俗话说，“好风凭借力，借梯能登天”。自古以来，没有哪个成就大业的人，身边是没有贵人相助的。这些贵人为成功人士的高瞻远瞩提供了条件，也让他们步入成功的捷径。

我们应当区分什么人是有价值的，什么人是没价值的。毕竟，良好的人际关系对信息的共享大有裨益。因此，人际交往要有所选择。

从现实角度看，并非所有人都值得花时间和精力去结交。孔子也曾说：无友不如己者。因此，比起处处与人为善，还不如重点培养一些具有价值的友情。

叶筠与孔波从小学到高中都是同班同学，但关系却并不是很要好。高三毕业后，孔波听说叶筠考上了清华大学建筑系，于是跟老同学要到了叶筠的联系方式。大学四年，虽然二人不在一个地方，但彼此却保持了四年不间断的联系。

孔波从小就喜欢高楼、桥梁之类的建筑，于是经常向叶筠请教一些专业知识。大学毕业后，叶筠凭借自己的才华，在北京开了一家建筑设计公司，经过两年的努力，叶筠已经成为同行业中的佼佼者。

从小喜爱建筑的孔波也有一番作为，他大学毕业后，特意回家乡召集了一帮人马，搞起了建筑承包，没两年就赚到了不少钱。

一次，孔波和叶筠的家乡打算修一座大桥，孔波立刻抓住了这个机会，竞标并承包了这个项目。接到任务后不久，孔波就犯了难。这座大桥的地理位置比较特殊，不能用平常的方式建造。可是，从外面聘请一个专家设计一个新方案又要花费不少。突然，孔波想到了老同学叶筠，他正是学建筑设计的，而且自己也有一家设计公司。于是，孔波拨通了叶筠的电话，请他帮忙自己设计一个适合家乡地形的桥梁方案。叶筠二话不说就接了这个工作，他只象征性地收了一点设计费，权当是帮老同学一把。

在叶筠的帮助下，桥梁的新图纸与建造方案很快被设计出来了，这也给孔波按时完工奠定了基础。孔波知道，自己以后肯定会跟叶筠继续合作，于是，他专门带了一份厚礼拜访叶筠，好好感谢了一番。

叶筠在孔波眼中就是一个对自己事业有帮助的人。他很早之前就跟叶筠时时联络。而叶筠也没让孔波失望，在关键时刻帮了他一把，不但使孔波省下了大笔费用，还让他按时完成了承包项目，彼此双赢。

美国财商教育家罗伯特·清崎多次强调，与成功人士的社交十分重要。他认为：跟什么人交往，就能决定他日后会成为什么样的人。比如，你渴望进入成功人士的圈子，在自身努力的前提下，也要结交对你有帮助的人，如理财师和企业家等。与这类人交往，能让你学到很多经验和教训，甚至能改变你的习惯，改变你考虑问题的角度和方法，让你不断完善自己的投资理念。更重要的是，你可以通过他们认识更多圈子里的人。这些人会通过你引荐的人的人格和价值，来决定是否值得与你合作。如果你的引荐人是一位讲诚信、重名誉的人，那么，别人就会觉得你也是位值得信赖的朋友，进而愿意与你合作；反之，如果你的引荐人本就是一位令人不齿的人，那么，不管你的人格魅力多大，别人也很难认同你本人，更不必说帮你累积财富了。

一个人若想创造一番事业，与成功之人打交道也是必不可少的环节，应该多选择跟自己的事业相符合的良师益友。要知道，他们的言行与思维方式等都会对你产生有益的影响。

要想收获成功，只靠自己的力量肯定是不够的。贵人的提携一定是不可或缺的关键。一旦找到能助你一臂之力的贵人，不但可以节省大量精力和时间，还能让你快步走上捷径。因而我们在人际交往的时候要有所选择，对社交对象要有一个清晰的认识。最好能找到对自己事业有所助益的人，最后与之紧密联系，将其纳入自己的关系网。

第五章

社交空间距离与交往频率

不要拿异地当借口，距离并不是停止交往的理由。

第一节　拒绝“宅”，社交需要走出门

我们常说，“实践出真知”“纸上得来终觉浅”。如果只靠别人的口耳相传，并不能让你成为一名真正的交际高手。要想提高自己的社交能力，就必须走出去，多参加能够结识他人的社交活动。当然，对于首次尝试社交活动的人来说，参加朋友较多的活动是个不错的选择。比如从选择参加本校或本地区的活动开始，然后逐渐展开，把这些活动发展为定期的日常活动。如果你认为自己有能力拓宽社交面，就可以参加更多其他类型的社交活动。

廖远天生内向，虽然渴望跟大家一起玩耍，却从不主动参加任何活动。有时，别人邀请他一起爬山或唱歌，廖远也会条件反射地拒绝。久而久之，大家也就不再邀请他一起活动了。

某天，廖远发现自己被大家“孤立”了，别人朋友圈里的合照从来没有他，他也逐渐跟不上大家的话题。

廖远给高中时期的好友拨了电话，讲述了自己现在的情况与处境。好友告诉他，不妨在下次组织活动的时候主动提出自己也想参与的愿望。廖远叹了口气，道理他都懂，但一跟别人说话，他就

觉得很紧张。好友在电话里鼓励他了一番，廖远决定要改变现在的情况。

等组织者组织大家爬山的时候，廖远鼓起勇气上前说："能加我一个吗？我可以给大家提供矿泉水。"

组织者笑着拍拍他的肩膀："当然可以了！早就想叫你跟我们一起了，就是看你不太喜欢群体活动似的，所以后来就没叫你。"

廖远从第一次社交活动中受到了鼓励，逐渐变成了一个合群的人。

其实，就像廖远一样，我们应当尽可能地多参加社交活动。除了学校和单位等社交场所外，每个社区及许多区域性组织都会定期举办社交活动。基本每个区域都会有地方商会、演讲者俱乐部、骑行俱乐部、社区发展小组、商业改善局、销售和营销俱乐部、商业发展和经济发展组织等，这些机构都会举办此类活动。当地的报刊及微信、微博等处，也会发表这类的社交活动。这些组织机构都是满足人们进行社交的愿望的好场所。你只需要找出这些活动，然后积极参与即可。

对于在校学生而言，参加此类活动比参加校内活动的人更有优势。原因很简单，社会上有很多成功人士或能力强者都会参加这样的活动。如果学生能在这样的社交场合见到一些具有影响力的人，并且和他们进行互动，那么，当日后他们需要人才时，也会率先想到与自己一同参与活动的学生。比如求职季来临时，参加此类社交活动的学生就有机会"开绿灯"，而没有与这些人士有交集的学生就只能跟其他人一样，默默排队，等待下一个面试的机会。

对于不擅长社交的人来说，安排一对一的会面是个不错的选择。比如当你参加一个社交活动时，可以将它当成建立自己社交圈的机会。你可以给自己定一个小目标：至少跟一个人建立联系，并安排一次单独会面。

对于单独会面的场所，咖啡馆是个不错的选择。因为没人会打扰你们的谈话，其环境也十分舒适。相较于其他活动场所，咖啡馆更方便彼此放松地交流，让你更进一步了解对方。而且，我们可以选择在一天中精神最为饱满的时间进行社交活动。每个人都有自己的生物钟，当你的生物钟达到峰值时，就会觉得自己精神饱满，充满能量。我们不妨利用这些能量最为饱满的时间，安排会面或与人社交。

比如你是一个习惯早睡的人，却安排自己在晚上参加活动。如此一来，你社交的效果就可能会大打折扣。如果不是你安排活动，改变社交时间就不太好。此时，你可以想办法调整自己在白天的行程和节奏，通过小睡来保存自己的精神，方便提供晚间社交的能量。重要的是，你需要对自己的生物钟有所了解，并提前做好准备。这就像物理学中的定律：能量守恒。每个人的时间和精力都是有限的，如果我们把大量的时间和精力都用在其他方面，那就没什么精力与人面对面进行社交了，这样就会给人造成误会，认为你对社交并没有兴趣。

现如今，不少人更愿意选择各种社交工具进行社交。可是，你有没有想到这样一句话，“见面三分情”。如果不见面，你就无法从文字上判断对方的真实喜怒，无法把握对方的神态、语气和动作，这就会影响到你的社交。这就是为什么许多人在网络上是个“键盘侠”，用文字与人互骂，但在现实生活中想跟别人说一句话都很困难的原因，网络社交毕竟是虚拟的，如果想进行真正的社交，还是要与人进行面对面的互动。那么，我们在社交中该怎样摆脱说错话或不愿意说话的尴尬局面呢？下面是帮助面对面社交的 5 点建议，供读者参考使用。

第一，面对交情不深的人，在与其打完招呼后，可以加上几句问候的话，比如“天气不错”“你的鞋真不错”之类的话，这样就能帮你顺利渡过尴尬期。

第二，面对陌生人，除了“你好”“幸会”之类不容易展开的话题外，还可以利用交通、穿着、天气等为大众熟知的话题开展交谈。

第三，在面对面聊天时，切记不要较真，也不要快速下结论。聊天就是聊天，不需要分对错，也不需要针锋相对，保持平和的心态，才能避免产生不欢而散的局面。

第四，在社交时，总会遇到滔滔不绝的人。有时候，你需要简明扼要地告知对方，自己还有急事需要先离开。如果拖泥带水，对方就很容易发现你的漫不经心，对方就会觉得你态度敷衍，没有礼貌。此时，不妨直接告诉对方自己有事，再加上一句“跟你聊得很愉快，希望有机会再聊”。

第五，有些人不喜欢社交是因为口才差，但口才不好不代表没话说。口才差的人可以不必口若悬河，只要注意自己的语气和声调即可。

第二节 如何维护你的同事关系

办公室是公共关系的重要人际交往场所。在人际交往中有“人际距离”的说法。“人际距离”可以分为“公众距离”“社会距离”“亲密距离”“个人距离”4种，而办公室关系最好保持在“社会距离”的范畴。就算同事间的关系稍微亲密一些，但也需要保持在“社会距离”与“个人距离”之间。大部分的同事关系应该以公共关系为主，而不是“个人关系”。

在职场中，我们应当清楚自己与同事的定位，学会在同事之间设立一个界限，并且把握自己在职场中的角色，这样就不会因为“感情错付”而被伤害。在与同事的日常交流中，应当以公开性、礼节性的交往为主，尽量不要把自己私密的、伤痛的或引发强烈负面情绪的事情告知同事。

丁方最近遇到了不少烦心事，先是父亲生病，然后是公司由自己经手的一笔款项不翼而飞，焦头烂额之际，又发现自己的女朋友移情别恋。

一脸郁闷的丁方来到办公室，迎面碰见抱着资料正要去打印的郑源。丁方立刻拉住郑源，说：“哎，小郑，我最近可倒霉了，我跟你讲……"

郑源抱着一摞资料，看着跟自己不停抱怨的丁方，有些为难地打断了他："小丁，等一下，这个资料老板着急要，等我回来我再听你讲好吗？"

丁方正抱怨到一半，觉得世界上根本没有比自己的事更重要的事情，于是摆摆手："马上就讲完了，我这不说心里不痛快啊。"

郑源眉头直皱，丁方却不管不顾地大肆抱怨了一通，等到心满意足了才把郑源放走。郑源因为资料送晚了被老板批评了两句，憋了一肚子火回到办公室。郑源的同桌凑上来说："刚才幸亏你不在，丁方在办公室抱怨了半天，我们都没时间工作，光听他抱怨了。"

郑源一听丁方的名字，顿时气不打一处来："什么幸亏啊，他早就跟我抱怨过了，还害我被老板骂了一顿！"

午饭时，丁方又开始四处倒苦水，搞得同事们都没心情吃饭了。有的人因为丁方的遭遇很难受，有的人觉得丁方很烦人。总之，整个办公室都被丁方搞得死气沉沉，完全没有往日的活跃了。

同事之间的人际关系其实是比较复杂的。比如我们今天是平级，很可能明天就是上下级，后天就不在一家公司了。这就意味着，我们今天可能是一条绳上的蚂蚱，荣辱与共；明天可能就在敌对阵营，拼个你死我活。在这样不够稳定的人际关系中，如果将自己的全部情感悉数表达，把自己内心的秘密和盘托出，也是一件充满风险的事情。此外，如果一味将自己的烦恼说给同事听，不但会让负面情绪影响到同事的心情，也会让你的社交形象一落千丈。当然，职场也不像战场，因为职场并非没有真情。我们也可能在办公室里结交到彼此投缘、情投意合的好友。我们可以在工作中加以真诚的互动，建立起彼此照顾和信任的关系网，拓宽自己的社交圈子。那么，我们如何在职场建立自己的社交圈呢？

首先，我们要用谦逊的态度，与同级的同事相处。跟与你同级但比你年长的人相处，应该更加恭敬一点，比如在说话的时候多喊一句哥，或者多叫一声姐。在遇到力所能及的事情时，多做些“顺手”的事。跟与你同级但比你年轻的人相处，记得不要“倚老卖老”，遇到问题时要多带一带他们。此外，要记得勤快一点，比如主动承担办公室的清洁工作，经常问一下有没有自己可以帮忙的事情。在获得同事的帮助后，应及时向对方表达谢意。如果你很冷漠，别人就会觉得你是一个素养较低或不懂知恩图报的人，影响大家日后的友好交往。

其次，每个人都应关注彼此的情绪。这并不是让你二十四小时盯着对方的情绪变化，而是让你不要在别人伤感的时候大肆说笑，这样会让对方产生误解。当同事尤其是领导有喜事时，应主动表示祝贺，当对方邀请你的时候，要随上一份贺礼。不要搞特殊化，也不要小气，这是维护同事友好关系的关键。此外，不要在他人背后评断是非，切记在背后只能说别人的好话，而不是窃窃私语，讨论别人的是非八卦。

再次，要积极参与部门之间的活动。在职场中不要搞特殊，也不要破坏办公室的气氛。做到不哗众取宠，也不喧宾夺主。与同事相处的每一个小细节都是体现一个人素养和情商的地方。在社交中，这些细节都是必须重视的。还有一点，就是要与同事保持适当的距离。同事之间的相处需要疏密皆备，这样才能维护办公室环境的稳定与和谐。同事之间相处时，不应当过多接触彼此的隐私，也不应当彼此排斥。只有维护好办公室环境的稳定，才能有利于我们在职场中的发展。

最后，同事之间交往切忌感情用事。社会与校园不同，办公室中的人际关系比较复杂，只有先保护好自己，才可以在发展中壮大自己。

处理好人际关系的关键就是要在保护自己的同时不伤害到他人。下面几点人际关系原则，大家不可不知。

1. 人际关系的主动原则

你要主动对他人示好，主动表达自己的善意，这样才能让对方感受到你对他的重视。主动的人更容易获得他人的好感。

2. 人际关系的真诚原则

真诚是打开彼此心扉的钥匙，待人真诚，就能让对方产生安全感，减少对你的戒备。人际关系越好，就需要彼此展示一部分自我。待人真诚，就是要把自己的想法与他人进行沟通。虽然这样做会有一定的风险，但把自我封闭起来是无法获得别人的信任的。

3. 人际关系的平等原则

任何良好的人际关系都能使人感到自由。如果一方受到另一方的蔑视，或者一方需要看另一方的脸色行事，就没办法建立起良好的社交关系。

4. 人际关系的相互原则

通常情况下，只有真诚才能换来真诚，敌意则会招来敌意。所以，人与人的交往应当从良好的动机出发。

第三节　请停止群发祝福短信

相信每个人在过年过节的时候都收到过别人群发的祝福短信。一年365天，不管是中国的传统节日，还是从西方传进来的“洋节”，都能看见群发祝福短信的身影。尤其在春节前后，群发的祝福短信几乎充斥了我们的手机。然而，最典型的无效社交行为就是群发祝福信息。

对于群发拜年短信的行为，大概没人能够免俗。有时，我们还会应家人或朋友的委托，煞费苦心地整理几个拜年吉祥话的模板。这些吉祥话要求用词讲究、朗朗上口，这样才能显出群发者的才高八斗与文采飞扬。可是，随着年龄的增长，我们认识的人越来越多，手机里收到的群发祝福短信也随之水涨船高起来。群发祝福短信让人们不胜反感，2014年春晚，歌手郝云还专门演唱了一首《群发的我不回》：原来你这是群发的信息，你竟然还忘了修改后缀。我顿时觉得过年索然无味，就好像喝了一碗温白开水。

离过年还有一个月的时候，段昊的手机就开始接收亲戚朋友们群发的拜年短信了。对于这类祝福信息，段昊都会选择自动忽视。除夕夜，段昊在烟花爆竹声中收到了一条来自好友的祝福：“段昊，新的一年，祝你工作顺利，身体健康，有空我们一起聚一下，继续畅聊人生理想。”

段昊很激动，因为自己很久没收到单独发送给自己的信息了。于是，他打算精心回复对方一下。

段昊拿出手机编辑了好久，准备把一条精心编写的短信群发。突然，他觉得自己有些滑稽，明明知道群发的拜年信息，就算写满文采飞扬的话，也不如“xxx，新年快乐”有温度。既然大家都不喜欢群发短信，自己为什么要跟大家一起走形式呢？

于是，段昊收起了手机，只回复了刚才单发给自己祝福的好友。

过了一会儿，段昊的发小给他发来一条祝福短信，满满都是温情。段昊很感动，正要回复之际，同事却给他发来一条内容完全一样的信息。

段昊看着祝福不禁叹了口气：唉，原来又是群发短信！

群发的祝福信息实质上与国王的新衣并无差别，只不过是成年人之间互相“过得去”的游戏。大家你来我往，都为了制造一种彼此记挂、相互惦念的现状。

群发的祝福信息究竟是因为什么呢？究其根源，无非是打算通过祝福短信维系或增进彼此间的关系。可是，群发的祝福信息在很早之前就失去了这个功能，甚至开始起反作用。

如果你们之间的关系一般，那群发一条祝福短信也就算了，可是如果给关系很亲密的朋友扔一条冷冰冰的群发祝福短信，相信对方会难过很久：哦，原来我在你那里，连给一条单独祝福短信的时间都没有。因此，群发短信早已背离初衷，失去了原有的意义。人们并非看不到这点，而是潜意识中的“社交人脉”在作祟。

群发短信的泛滥说明了一个问题，那就是每个人的精力都是有限的，想必没人有时间和精力给所有人都编辑单独的短信，因此，群发就成了维护社交关系的好办法。可是，这些渴望维护关系的人却不知这种无差别的方式其实是无效社交。

《别独自用餐》的作者社交圈子很广，他需要维护规模为数千人的社交网。为了显示自己的诚意，他在每年圣诞节都会给社交圈的朋友们每人一张手写的节日贺卡。慢慢地，他发现自己根本没时间用这种方式维系社交圈，于是，他雇了几个人专门帮他写贺卡。不得不说，这种方式确实比群发祝福要用心多了。3 年之后，一位朋友对他调侃道："我连续 3 年收到你的贺卡，但这 3 张贺卡的笔迹却完全不一样啊。"这位作者这才意识到原来自己犯了致命的错误。像这样"走量不走心"的社交其实就是无效社交。我们需要在社交中学会如何"断舍离"。

"断舍离"的观念来源于日本，一般是指对生活空间方面的管理。但是，这个观念也可以放在人际关系的管理上。在进行空间管理时，我们可以把多余的东西清出房间；而进行人际管理时，我们可以把一些无效关系清出社交圈子。

学会"断舍离"，就是不再迎合所有人，不再对每段关系都紧抓不放手。"断舍离"就是放弃那些不喜欢我们的人，也放弃那些我们不喜欢的人，对生命中可有可无的人要抱着"随缘"的心态，然后珍惜那些重要的人，郑重对待那些在意你的人。

在社交中注意亲疏有别，学会主次分明，就能维系一个简单的关系圈子。社交圈子简单了，我们也就不会感到每段关系都那么让自己心累了。

除却群发祝福信息外，我们可以把重要的朋友单独约出来，一起吃个饭，叙叙旧；对于重要的亲人，可以互相串门走动；对于重要的客户或领导，可以在过年过节的时候登门拜访一下，实在不行就打个电话，通过电话送上祝福。

如果你心里真的重视一段关系，你自然能找到最适合的社交方式。为什么群发祝福短信会让人觉得不舒服呢？因为最好的关系是我们对彼此来说都是特别的。

《小王子》这本书对人与人之间的关系有一种很质朴的解读。对于小狐狸来说，所有的人都是一样的，就像所有的鸡都是一样的。它与这些人都没有建立联系，因此与他们没有感情。可小王子驯服了它，它就对小王子有着特殊的感情。小狐狸能认出小王子的脚步声——“其他人的脚步声会让我躲到地下去，而你的脚步声会让我从地下走出来”。和小王子相关的一切会变得与众不同——“麦田不会勾起我任何联想，这实在很可悲。但你有金黄色的头发，一旦你驯服了我，这就会十分美妙。麦子也是金黄色的，它就会让我想起你。而且，我也会爱上风吹麦浪的声响。”在这里，驯服就是小狐狸与小王子建立的一种联系。在重要的关系中，我们对彼此都是特别的，这种关系是群发的短信所不能给的。

人们不再回复群发的祝福短信，也不再回复群发的其他短信，这并非是特立独行，也与愤世嫉俗无关，人们只是怀念真的东西，放弃只是走个形式的社交。因此，请停止群发祝福信息，珍惜每段特殊的关系，也放弃那些无效的社交。

第四节　把握好“点赞”的尺度

现如今，越来越多的人都习惯给别人发布的文字或图片“点个赞”。“点赞”意为对发布内容的赞赏，也是当代受众在接受信息后演变出来的交互式反馈。

让“点赞”成为常态的标志是微信推出的社交功能“朋友圈”。朋友圈结合了人际传播以及“点对面”大众传播的社交功能，其中的“点赞”功能以其简单、便利的操作，也成为备受欢迎的网络意见表达方式。

朋友圈作为一个有着自媒体特征的社交平台，也让“点赞”衍生出了一种新的人际关系——“点赞之交”。

王辰在大家心目中是个沉默寡言的人，因此，大家对王辰的关注并不算多。自从微信朋友圈推出点赞功能后，王辰就成了“点赞达人”。通过王辰的“点赞”，很多很久不联系的朋友也都主动找他聊天。

渐渐地，王辰依靠“点赞”的行为维系了自己的社交圈，但他的心里总觉得自己跟朋友们的界限还是很远。有时候，他给好友点了赞，但自己发朋友圈的时候，别人却从来不回赞他，这让他感觉有些孤独。

有一次，王辰发了一条朋友圈，然后拿着手机等着别人给自己点赞和回复，但等了很久，也没人给他点赞。

“可能是都在忙，没看见吧。”王辰心里安慰自己，可是他转眼看到大家纷纷给比自己晚发朋友圈的人点了个赞。这让王辰一下子很难受。他不由对好友抱怨：“难道点赞不应该是相互的吗？即便生活里不常联系，也应该靠点个赞来维系友情啊！”

从此，王辰再也不给别人点赞了，而是积极投入到线下交往中。他觉得虽然点赞让他赢得了大家的赞美，但点赞的行为毕竟只能锦上添花，不能雪中送炭。

在上例中，王辰就是从“点赞”的行为中获得了甜头，又发现了靠“点赞”维持社交的弊端。

“点赞之交”作为一种全新的社交模式体现了移动互联网的发展，以及微信平台的即时性与社交性。

传统的人际交往主要包括面对面交流、书信交流、电话交流等。随着科技的不断进步，网络和移动终端开始介入人们的生活，同时也把传统的现实社交关系搬到了虚拟的网络平台上。因此，“点赞”被赋予了新的社交意义。

首先，“点赞”让社交活动的形式发生改变。在朋友圈中，我们可以将感情、语言和符号浓缩成一个“赞”字。当这个字被赋予社交意义时，一种更方便、快捷的社交方式就产生了。要知道，“点赞”只是一个简单的动作，当这个动作被赋予社交情感后，它就会在“点赞方”和“受赞方”中间建立一种交往关系，表达彼此的感情。

对于性格内向或不积极社交的人来说，“点赞”是一种不费力而能拓宽交往的手段。因为这种行为包含了比较宽泛的态度，他们可以通过简单的行为来维持自己的社交关系。使用“点赞”方式社交，不但可以避免深层次的沟通，还不会让你陷入尴尬的境地。就像戈夫曼的“拟剧理论”：每个人在社会中都像一名在舞台上表演的演员。这些演员会利用各类符号设计或展示自己的形体，在社会这个大舞台上进行表演，并努力获得好的效果。

朋友圈的“点赞方”就是演员，而看朋友圈的人就是观众。观众跟演员之间本就存在一种“表达性礼节”的社交方式。点赞便是社交者之间维护彼此面子的手段。通过“点赞”，不但能带给“演员”安全感，还可以避免“评论”所可能引发的深层次交流的社交尴尬。

其次，“点赞”让社交质量发生改变。有观点认为，朋友圈的出现能让远距离人际交流成为可能。首先，朋友圈的用户可以互相看到彼此的线上社交圈动态，而“点赞关系”也的确避免了社交尴尬。在另一种意义上，“点赞关系”也让拓展社交变得更加容易。因此，朋友圈的“点赞”行为的确是社交的良好方式之一。但需要注意的是，在现实生活中，主要的社交还是要放在线下。如果对线上的“点赞”社交依赖过深，很容易造成性格更加内向，不愿与人线下社交的问题。对于这种情况，我们可以采用定期聚会，并在聚会中拍照上传朋友圈，然后再互赞的行为。这样就可以让社交完成从“点赞”到面对面，再从面对面回到“点赞”的循环。

最后，“点赞”让人际交往中的批判式表达减少。在面对面交往时，人们往往会在表达态度及立场前先对接收到的信息进行评估。如果对内容产生不良评估，就会在现实的人际交往中产生批判行为，影响社交。但“点赞”的行为不用对信息进行繁复的评估，你只要在赞同或喜欢的朋友圈信息下方点赞，就可以表明自己的态度。与此相反，朋友圈并没有推出“踩”的功能，因此，即便你对他人的朋友圈信息表示反对，也可以视若无睹，不会影响你们之间的交往。但是，朋友圈的“点赞”内容基本都是轻松、明快的娱乐内容，这就出现了一个问题：如果我们习惯了轻松、明快的社交方式，很可能在出现严肃话题的时候会不知道怎么应付。当朋友圈的信息出现严肃话题或沉重话题时，个体与个体之间的沟通机制就有可能陷入停滞。

“点赞”虽然是一种不费力的社交方式，但我们仍要把握尺度。只有线上线下双管齐下，才能拥有更加优质的社交。

STREAMLINE
YOUR SOCIAL LIFE

第三部分

什么是成功社交的催化剂

第一章

说“不”是你的权利，更是你的勇气

你不是他“爸爸”，没必要满足他的所有要求。

第一节　别当冤大头，至少留个人情债

中国有句老话，叫“吃人嘴软，拿人手短”。可是，我们在生活中却偏偏不缺这种人。这类人向来信奉“拿来主义”，他们觉得，你有这个能力帮我，这就是你的义务。如果你不帮我，要么就是你能力太低，要么就是你人品有问题。其实，这样的人正是社交圈里的毒瘤。他们不知道你为了帮他付出了多少，甚至有些人连一句感谢的话都没有。与他们交往，你会发现自己不但没有获得任何回报，甚至连个人情都没留下。

有些人总在抱怨，为什么我问“现在投资什么项目比较好”“怎么预防风险”“我想做线上商品，教我玩玩”之类的问题时，却总没人理我？然后，他们就会觉得心凉，觉得现在的人真现实啊，简直是世态炎凉、世风日下。但其实对方没有回复你是正常的，回复你才是闲得无聊。因为你在索取之前根本没有考虑到要先付出的道理。真的不是别人冷漠，正常的社交就应该这样。如果你是十几岁的孩子，那你还有被原谅的理由，但如果你是成年人，连这点人情世故都不懂，那就太说不过去了。

例如，教师经常会遇到这类亲戚朋友。他们上来就会说“哎呀，给我儿子补补课吧”“帮我女儿检查一下作业”“你跟 ×× 学校的 ×× 老师熟不熟？帮我托个关系……”这时候，你会觉得这类亲友简直十分烦

人。或许你已经明确表示过很多次，自己没时间也没精力帮他们的忙。可是，这样的人永远只会多，不会少。

张捷有个烦恼，他是做心理咨询的，但最近有不少人来找他帮忙的时候都没有提前预约，而是直接闯进他的办公室面谈。

如果自己不招待对方，人家大老远来一趟也不容易；如果招待，自己又感觉心里不爽，当他拒绝帮助别人时，甚至还有人给他发信息说："如果见不到你，我就一直待在这不走了。"

在休息日时，不少人找张捷聊天，上来就是让他帮自己做事，而且是无偿劳动，甚至连句感谢的话都没有，大家都习以为常。虽然他处事一直是以"老好人"的形象或者标准来要求自己，但毕竟自己也是有原则的。如果对什么事都说行，那就不是人，而是"超人"或"神"了。之前，张捷还跟大家解释一下，说自己确实很忙不方便，而且休息日要陪家人，上有老人，下有小孩，实在不太方便，希望他们能理解。但结果往往是越解释越没用，最后张捷不但帮了对方的忙，人家还嫌他磨磨唧唧的。

张捷有些气愤地对朋友说："如果他们要什么，别人就应该给的话，那样就好了，那这世界还有穷人吗？"

在上例中，这些找张捷帮忙的朋友们完全没有换个角度考虑一下，如果自己处在张捷的位置上，会是一种怎样的心态。这类人的心智往往不够成熟，他们从未尝试过付出，也不想吃亏，只想从别人那里索取，却从没想过究竟别人有没有这个义务帮忙。我们为什么不愿意跟此类人社交呢？

第一，这类人明明是有求于人的一方，却目中无人、气焰滔天，仿佛帮他一个忙是你的荣幸一般。与这类人交流，明显会让人感到极度不适。

第二，这类人不懂换位思考，不知道尊重他人的劳动与情感。他们从未想过别人在帮他做事时需要耗费大量的精力和时间。

其三，这类人不懂等价交换，他待别人如同泛泛之交，却希望别人待他如同患难之交。这种人自私自利，不懂得照顾他人的情绪，也难怪别人不愿帮他。

南光是一名杂志社的编辑，正当他在电脑前敲击键盘时，一位多年不联系的初中同学突然在QQ上找他，问他在不在。南光看着消息犹豫了一下，也没有多想，于是便回了她。

接着，这位初中同学开始跟南光抱怨，说她最近真的好忙啊，一边忙着研究生实习，一边要写3万字的论文。之后，又杂七杂八地发了一大堆“我好忙啊，快忙死了”之类的话。

当时南光还纳闷，她很忙关我什么事？后来转念一想，就明白了这位老同学的意思。不用说，她肯定是找自己帮她写那3万字的论文。

这位老同学说她很忙，就是让自己帮她忙的铺垫。于是，南光装傻充愣地应付了一阵。不一会儿，她果然抛出了自己的目的——希望南光帮她写论文。

南光立刻委婉地拒绝：“你的研究方向是建筑，我是汉语言文学的，对建筑知识根本一窍不通啊。”况且论文还是3万字，估计要花两三天时间，我们又不熟，凭什么白给你写啊？南光心里暗想。

哪知这位老同学不识趣也不死心地继续说：“你可以找你们学校的建筑学同学借书看看啊，书上的理论你随便写几点就好了啊。何况，我的大体框架都让我同学帮我弄好了，你就填点儿中间内容就行。这么简单的小事儿，对你这个大编辑还不轻而易举啊，都是老同学，帮帮忙吧！”

南光看得直撇嘴，嗬！3万字是简单的小事？在你眼里写篇论文这么容易，那你怎么不自己去写？你以为写点文章那么容易呢，每篇文章都是我参考众多资料后，一点点敲到电脑上的，哪像你想的那么简单？

南光明确拒绝了她的要求，没想到这位老同学立马变脸，反而指责南光不近人情，做事冷漠，情商很低。南光哭笑不得……

做一件事情永远比你想象的要难，别用你那简单的思维去评判一件事的难易，这样对主人公很不公平。就像上例中的这位老同学一样，有些人天真地认为，既然别人在某个领域很擅长，那帮点小忙就如同砍瓜切菜般容易。就像有些人觉得妈妈擅长炒菜，因此妈妈炒菜就是天经地义的，觉得妈妈就是自己免费的劳动力。但是，别忘了，你的老同学、老朋友没有义务当你的妈妈。因为你品尝饭菜的时候，从来没想过做这么一顿饭会花费妈妈多少时间和精力。不管是买菜、洗菜，还是切菜、炒菜，每道工序都有自己的难点。前期的积累和后期的加工，每一步都不是容易的事，任何一件事都是如此。

或许有人顶不住人情的压力，帮过你一两次的忙。可是，这一两次的帮忙不是因为你值得帮，而是他们为了守护内心的善良。

我们经常遇到这样的人，在帮忙之后，我们也会反思这个人到底值不值得帮。如果值，那以后可以再帮他一些；如果不值，那就一定要果断拒绝。有些人虽然在短时间内不能给你什么帮助，但他们会记住你帮他们的情谊，在以后你需要帮助的时候，他们也会竭尽所能来帮你；有些人只把你的辛劳当成理所应当的义务，你帮他，连个人情债都留不下，你不帮他，反而会惹一身是非。

我们一定要有选择性地进行社交。如果对方有情义，值得帮，那你可以无条件地帮助他；如果对方拿你当冤大头，那你就要果断斩断联系。

你没有义务把有限的时间浪费在不值得的人身上。

第二节　别让“爸爸”思维绑架了你

我们经常会碰到这种人，他们觉得被人帮助理所应当，不帮助自己就是欠了自己的。对于这部分人来说，他们必须要明确的是，这个世界上没人欠你什么，也没谁有义务一直对你好，所以，当你感到诸事不顺时，不要只知道怨天尤人。与这类人相对应的，是具有“爸爸”思维的人。怎么解释呢？就是他们习惯性地讨好别人，从不懂得拒绝别人，因此影响了自己的人生。对于这类人，我们不应该对其加以“善良”一词，因为他们不懂及时止损，也不懂得拒绝别人。要知道，不管别人多么需要你，你也是有自己人生的。如果你像爸爸一样，耗费自己的时光和精力与他人的人生纠缠交错，就会你失去自己应有的人生。你自己的生活必须由你自己做主，你需要为自己的人生负责。别人不欠你什么，你也要习惯对别人说“不”。

被拒绝的经历可能每个人都有过。当我们寻求别人的帮助而又被拒绝时，我们也会感到情续低落，甚至会觉得有些不平衡。我们可能也会想：他为什么不肯帮我一下？但随着时间的流逝，我们就会逐渐明白别人根本没有帮我们的义务。

首先，一个跟你没什么交情的人为什么要去帮你？可能你们只是在网上互相留了个联系方式；可能他是你的老同学，但你们从来没有维护过这段关系；可能他对你来说是个强者，但你对他来说什么都不是……

你们之间根本没有形成等价交换，你想从他身上获得方便，但你未曾想过他能在你身上获得什么？你们既不是发小之交，也不是管鲍之交，甚至只是泛泛之交。既然如此，他凭什么要帮你？

你一定遇到过不少这样的人，他们跟你明明不熟，却厚着脸皮找你帮忙。当然，求助这件事本身并没有什么错，谁都想在遇到困难时有个人能帮自己解开谜团，让自己走走捷径。但是，在你真的想跟别人讨教经验或寻求援助前，要想想自己能为对方提供什么。

宫宇是一名播音员，业余时，他做起了某直播平台的主播。因为宫宇的音质独具特色，因此积累了不少的粉丝。

宫宇是个热情、开朗的人。面对听众和粉丝提出的困惑或是一些专业上的问题时，宫宇都尽量帮他们解答。可以说，宫宇绝对不是一个冷漠无情的人，但最近越来越多的人都开始谣传，说宫宇是一个不知道感恩的人。

在一番探听下，宫宇才知道问题出在哪儿。原来，他曾经在微信后台收到过一个男生的留言。那个男生说：宫宇，我特别喜欢你的声音，也喜欢你发表的那些文章，你能不能把你的所有文章的电子版都发给我，还有你所有的音频，音频要MP3格式的，要不我拷贝不了。

宫宇想了一下，如果自己把这些都打包，时间会很久，而且不少文章都是签过约的，自己也不方便把电子版发给别人。于是，宫宇委婉地回答他说：首先，很感谢你对我的支持，我的新书与音频都可以在网站和我的微店里购买，如果你喜欢可以自行购买。

让官宇没想到的是，自己说完这句话后，对方突然变了脸。他讽刺道：真没想到你是这种人，有人愿意要你的东西就是对你最大的鼓励，你不知道吗？没想到你竟然是这种态度，完全不知道感恩，作为粉丝，我对你非常失望！

官宇正想告诉对方自己没有义务对一位陌生人做那么多时，却发现对方已经对自己取消关注了。没想到，他竟然还因官宇没满足他过分的要求而四处散播谣言。经过一番思考，官宇决定对他提出了诉讼，以维护自己的合法声誉。

上例中的那位男粉丝并不少见。在遇到这样的“垃圾关系”时，相信每个人都会或委屈或愤怒。毕竟那些文字是夜以继日在房间里敲出来的，那些音频是不思茶饭熬夜录制的，这些都是自己千辛万苦劳动出来的结果，你一个陌生人，凭一句话就想让人家全部打包免费送给你？两个人素未谋面，凭什么一方要满足另一方的所求呢？要知道，这类人并不是真的喜欢你，也根本不是什么忠实的粉丝。他们知道，只要打着“喜欢你”的旗号，就能向你榨取免费的资源。如果你拒绝了他们，他们就会偷换概念，对你展开攻击，以此来掩盖自己的肆意妄为。事实上，这类人翻脸比翻书还快，虽然口口声声说喜欢你，但却从来看不到他们点赞或评论。他们来得匆匆，劈头盖脸地叫你帮他们；他们去得也匆匆，在对你攻击一番后，也不给你辩解的机会，直接消失掉。

虽然“助人为快乐之本”这句话在把善意无限地放大后广为流传，但如果别人把你的善意当作一种便利，认为你生下来就是为了帮助他的，那就有违社交的原则了。

在社交中，寻求帮助通常分为两种：第一种求助是在走投无路的情况下，忍着无奈和心酸对你开口；第二种求助，其背后的心理无非是贪婪和自私，想“空手套白狼”，占点儿小便宜。

在社交圈子里，总有一部分人习惯了身边的人对自己好。他们在家里时，习惯了父母为自己操劳；他们在学校时，习惯了同学舍友每天帮自己占座买饭、记录重点；他们在社会上习惯了别人对自己的各种包容与礼让。可是，这种习惯是社交中最忌讳的东西。或许别人付出时，对你的回报并没有抱希望。但是，你不能把别人对你的好当成他们应尽的义务。毕竟，别人不欠你什么，你没有资格挑剔别人的付出。

我们在社交过程中，千万不要被“爸爸”思维牵住脚步。当别人要求你帮忙，或者对你索取无度时，你不是只有“点头”这一个选项，因为你并不欠别人的。

如果你在要求别人帮忙时却被别人拒绝了，那你也用不着伤心难过、愤愤不平，因为别人也不欠你的。

第三节　你不是谁的奴隶，也不用刻意讨好谁

现代人都觉得自己“活得好累”。这并不是说每个现代人都在拼命工作，这里的累主要是指心累。心累是现代人的普遍感受。造成心累的原因，很大程度上是我们对事情过高的期待和要求。

有时候，我们会发现不管自己如何努力，不管自我反省进行得多么深刻，也无法让所有人都对自己赞美有加。似乎不管我们付出多大努力，也总有人对我们并不满意。这其实也无可厚非，毕竟世界这么大，社会也非常复杂，每个人的思想观念都不可能完全一样。因此，要求每个人都完全一致地做事也是根本不可能的。

有位胸怀大志的画家，他下定决心，要画出一幅让所有人都满意的画。经过两年的辛苦，他终于把这幅作品完成了。

画家带着自己的作品，来到了全城最热闹的集市上。他在作品旁边放了一支笔，并附了一张字条：“尊敬的朋友，如果你觉得这幅画哪里有不好的地方，请用这支笔在画上做出标记，并且赐教。”

晚上，画家满怀希望地来到集市，准备取回自己的画作。可是，他却发现整个画面都被涂满了各种各样的记号，几乎所有的笔触和

色块都被人指责过，这让画家非常伤心，同时也倍感挫败。

友人看见心灰意懒的画家，决定用另一种方式鼓励他。于是，友人临摹了一张一模一样的画作，拿到市场展出。这一次，字条上的说明变成了："尊敬的朋友，如果你觉得这幅画有哪里画得不错，请用这支笔做上标记，并且赐教。"

结果出来了，曾经所有被指责过的笔画和色块如今都换上了赞美的标记。最后，这位画家对友人感慨地说："现在，我终于明白了这个道理。不管自己做了什么，不管自己做得多好，也不会让所有人都对你满意。"

就像上例中的这位画家一样，我们也难免遇到各种批评与指责。在面对事情时，不同的人都会站到不同的立场上，从各自的出发点，产生不一样的看法。因此，你不可能做到让所有人都满意。

有些人会觉得只要自己足够努力，就能让所有人赞美自己，就能让大家肯定自己。但这是不可能的，也许你的努力在有些人眼里只是"做作"；你的善良在有些人眼里就是"虚伪"。即便你已经竭尽全力，但还会有不少让人抱怨的地方。因此，当你觉得自己的行为是正确的，那就坚持下去好了，别人的意见听一听，关键还是要自己下决定。

企图让所有的人都喜欢你的行为实在太傻，如果你过于在意别人的批评，就会很轻易地懊恼和伤心；如果你太在乎别人的夸奖，就会变得好高骛远，心态飘然。

我们最好保持本心，让心态宁静、平和。只要把事情做好，让自己满意即可，所谓的人情世故无非是让自己变得优秀，然后再吸引一帮同样优秀的人。

如果你以为委屈了自己、成全了别人就能让所有人都满意，那就大错特错了。这种讨好型的社交方式不仅会把自己的生活搞得一团糟，还会让别人对你说三道四。

乔芷与钟简是一对情侣。大一时，钟简对乔芷一见钟情，他好不容易才把乔芷追到手。等到大四毕业，钟简为了乔芷，放弃了北京的高薪工作，跟她留在了同一座城市。

乔芷是典型的女强人类型，经常打拼到深夜。钟简为了照顾她，辞掉了待遇优渥的工作，专心当起了“家庭妇男”。

最开始，乔芷很享受这样的生活，可渐渐地，她开始接受不了只有自己工作，而钟简一个大男人在家里什么都不干的日子。

于是，钟简在乔芷的授意下，又开始出门找工作。钟简能力很强，又踏实肯干，没多久就成了一家公司的骨干。可是，乔芷发现没有钟简做饭、收拾屋子，自己完全应付不过来家务。乔芷想了想，又让钟简辞掉工作，回来照顾自己。

钟简还没发话，他身边的同事和好友却不乐意了，纷纷指责乔芷太“作”。可是，钟简已经习惯了讨好乔芷，他立马辞掉了工作，戴上了围裙，重新当起了“家庭妇男”。

没有工作的钟简很快又被乔芷嫌弃了。乔芷越来越不满足，不停对钟简挑三拣四。最后，她觉得对钟简实在是越看越不顺眼，终于跟钟简说了分手。

在上例中，钟简已经习惯了讨好别人，但最后还是没能留住乔芷。因此，做人不必刻意去讨好谁，讨好别人不如努力经营自己。

试想，如果钟简选择了去北京，凭借自己的能力大富大贵，也许乔芷自然而然地就被他吸引，就算乔芷依然选择离开，他也能收获一份好的工作，说不定还有更美好的爱情。

我们应该懂得，社交中有这样一个说法：你越在意什么，什么就越折磨你。那你不如放开手脚，只做你自己就好。每个人都有自己的人生，你没有必要为别人委屈自己。只要成为最好的自己，更加优秀的人自然会被你吸引。

自我强大的第一步，就是结束讨好与矫情。毕竟人生在世，谁也没办法做到让所有人都喜欢，因此，也就没必要去讨好别人。对于跟自己不熟的人，你又何必纠结于他们对自己的评价？只要珍惜那些珍惜你的人，忽略那些忽略你的人，你的社交圈子就会更高效。

在社交中，大部分人都习惯得到别人的肯定，都迫不及待地想向世界宣布自己的优点，想让大家都称赞自己，这也是人之常情。但不要忘记众口难调这句话，有时候，即便你受尽委屈，也是无法让对方满意的。你需要做的，是努力经营自己、修炼自己，当你足够优秀、足够强大时，自然会吸引更多的人与你交往。优秀的你才会遇到更多优秀的他们，你不是谁的奴隶，不必做到让人人都满意。

第四节　谨慎应对陌生人的"在吗"

"在吗"一词本来是朋友间再正常不过的打招呼方式，可最近越来越多的人把这个词当成一块"敲门砖"，向不懂得拒绝的人免费索取资源。这类人只有在需要时才会联系你，平时连"点赞之交"都算不上。如果你帮助他，他就会觉得你"没事儿闲的"，或者觉得他躺在你列表里，你帮助他理所应当。如果你不帮他，你就欠了他，你就是小气、难相处；如果你帮了他，你以后就是他的免费劳动力，等你哪天不帮他了，他便会在心里咒骂你。这也是为什么越来越多的人不敢回复陌生人的"在吗"的原因，因为这种人不会有丝毫感激，反而更加得寸进尺。对于这种人千万要学会拒绝。

> 晚上，工作一天的小刘正准备休息，看见一个好几年没联系过的朋友在QQ上对他说"在吗"，虽然很困惑，但小刘还是回了他一句"嗯，在呢"。
>
> 接着，对方发来一句请求，"我能问你几个跟工作有关的事吗？"小刘给对方回了一句"可以，但我不一定知道"。
>
> 接下来的事情简直让小刘震惊。对方一口气问了十几个问题，

从最开始的“你们公司的位置”“你们公司是做什么的”，到后来的“你每天的工作内容是什么”“你们公司的特色和优点是什么”。

小刘忍着困意，制止他继续说下去：“你这是调查户口呢？为什么要问我这么多奇怪的问题？”

没想到对方满不在乎地说：“你也没啥事儿，就跟我说说呗。”

小刘一下子火了，心里暗道：你哪只眼睛看见我没事儿做了？我忙工作忙了一天了刚准备休息，就碰上了你这么个瘟神，早知道你问我“在吗”就是为了这事儿，我还不如假装没看见你打招呼。

本着和谐的理念，小刘还是礼貌地回复：“你的问题有点多，而且这些问题在百度上一搜就能知道。这样，你先自己查一下再问我，好吗？”

对方只回了一句“哦”，连“谢谢”都没有说。小刘再回复的时候，发现自己费了两个小时帮他解决问题，对方却把自己直接拉黑了。

没过两天，对方又做了一件让小刘始料未及的事情。他又把小刘从黑名单里拉出来了，然后问了一句“在吗”。

小刘心里把对方骂了一万句，直接拉黑了对方。然后，小刘把自己的个人介绍改成了“有事直接说，发‘在吗’的一律不回复”。

相信小刘的遭遇大家也不是第一次遇见了。毕竟助人为快乐之本，每个人或多或少都帮过别人。可是，帮助别人本身就是有成本的事情。就算我们没给予实质性的帮助，只回答了一些问题，但这些问题也需要我们的知识，花费我们的时间。在上例中，小刘最初也许会为了帮助别人而感到开心，但对方毫无感恩之心，忽视你的劳动成果，甚至因为你帮忙不到位而怨怼于你，那就是件得不偿失的糟心事了。

看了上面的例子后，我们可能都会觉得以后碰见这样“拿来主义”的人就应该不理他，甚至骂他一顿才解气，因为这样的人实在太讨厌了！可是，静下心来仔细想想，说不准我们也在生活中不知不觉地扮演了这样讨人厌的角色。当遇到事情时，我们不会自己思考，有什么事就只想“找××或×××帮忙就好了”。如果别人拒绝了我们，我们心里还会觉得不舒服，可能还会想：“这个人怎么这样啊，帮个忙也用不了多少时间，真是小气，帮个忙有什么了不起的？”

当我们渴望获得别人的帮助时，首先要问问自己：我们的交情够让他帮助我吗？我真的值得他帮助吗？我能为他做些什么？毕竟社交是相互的，如果我们在求助之前觉得自己没什么能回馈给对方的，或者彼此的交情没有到那个份上，那干脆就不要开口，即使这件事情对他来说是多么易如反掌。如果你确定你的交情和能力可以匹配他的帮助，那就要记得“受人滴水之恩，当以涌泉相报”。当他遇到困难时，自己也要对其施以援手。

为什么问“在吗”的总是陌生人？因为真正把你当朋友的人会在考虑周全后直接说出自己的要求。而陌生人本来与你交情就浅，再遇到不懂感恩的，反而会伤害到你。

有个患者因意外事故被送进医院，当医生询问患者病情时，发现患者家的经济状况不太好，甚至连身上的衣服都是破烂不堪的。医生起了怜悯之心，对患者说：“你的情况需要自费就医，但如果选择另一种途径，你只需要承担1/10的医药费，虽然不符合规定，但我可以悄悄按另一种途径给你走，你也少花点医药费。”于是，医生违反了规定，帮患者省了一笔钱。

可让医生没想到的是，患者一出院就立马举报了医生。当时正值“医患问题”为社会焦点，相关部门一查就查到了医生违反规定。于是，医生被记了处分，患者东拼西凑地补给医院 5000 元钱。

原来，患者不相信医生的善良，总觉得医生是在给自己下套，让自己吃亏。所以一出院，他就宁可补交 5000 元钱，也不能让医生好过。

上面的例子中，医生违反规定是不对的，但他的出发点确实是好的，是为了帮经济困难的患者省点钱。可他万万没想到，患者竟然以小人之心让自己和医生双双受损，这也确实印证了这样的观点：我们对他人的帮助，并不需要对方的感激，但必须要值得！也就是说，我们一定要分清哪些人值得帮，哪些人不值得帮。

若想让自己的付出有价值，就要参考以下 4 点建议。

第一，付出一定要在自己的能力范围之内。如果你对陌生人的帮助超出自己的能力，在别人不感恩的情况下，你就会产生极大的心理落差。

第二，要调整心态。每个人对价值有不同的评判标准，也许你的帮助在他人看来根本微不足道。因此，你既然决定帮助他，就不要希望他会感恩。

第三，永远要尊重自己，切忌“救人救到底，送佛送到西”，也要远离抱有此种观念的人。人生是你自己的，不要为不值得的人浪费时间和精力。

第四，不要因在社交中出现的问题耿耿于怀。人需要为自己而活，不要为别人的问题买单，也不要介意别人对自己的态度。

在社交中，切记不要为不值得的人浪费时间，毕竟朋友直接要你帮忙不可怕，可怕的是陌生人的一句“在吗”。

第五节　从好友列表中删掉不回你消息的人

网上有句流行语，叫“你怎么也叫不醒一个装睡的人”。这句话用到哪里都很合适，用在微信这种社交软件上，就是你没办法让一个不在乎你的人及时回复你的消息。

我们经常遇到这样的事情：给一个很在乎的人发了信息，可是他却没有回复自己。正当我们为他的不回复找借口时，他却在朋友圈里发了一些信息。遇到这种情况，你就不要再为他找什么“他很忙”“他没注意”之类的借口了。因为在他心里，你一定不重要。

若想看对方心里有没有你，只需要看他回你消息的速度即可。心里真正挂念你的人是不会漏掉你的每一条信息的。而心里没有你的人，对你的态度自然会冷漠，因为你对他不重要，所以回不回复你的消息，自然也就不重要了。

如果对方真的在意你，就算在游戏中也会果断回复你，就算洗澡也会甩掉手上的水回复你，就算去聚会也要时时看看手机里有无你的信息。如果对方不在乎你，就算你花了 1 小时编辑信息，然后翘首以盼地等着他回复，他也有可能毫不在意地把手机扔一旁，假装没看见。

方舟一直暗恋公司的一位前辈，可对方却对她毫无感觉。公司举办年会时，方舟和这位前辈被分到了同一组，借此机会，方舟和对方加了微信。

晚上，方舟看着前辈的微信发呆，犹豫了好久，终于鼓足勇气发了一条消息："前辈，今天辛苦了，明天也请多帮忙。"

发完之后，方舟就一直等待对方的回复，一个小时后，对方回了一个"嗯"字。方舟有点遗憾，同时又不死心地发了一条很长的信息，大概意思是感谢前辈对自己在年会上的关心，觉得前辈很帅气又有能力，希望双方能有更进一步的发展。

方舟不停地编辑，改了好几遍才满意地发送出去，可这次，这条消息却石沉大海了。方舟脑海中闪过了很多画面，怀疑自己是不是惹前辈讨厌了，是不是给人家造成困扰了。

等了两个小时，方舟实在等不下去了，于是给前辈的好友打电话。结果，前辈的好友告诉她，他们在外面吃饭呢，他看见前辈看她的信息了，但只看了一眼就随手删掉开始打游戏了。

方舟听到后很伤心，但她决定再也不跟这位前辈有所联系了。

网上有这样一段话，很适合做这个例子的总结："电话，打一次没有接，就不要再打第二次；短信，发两次没有回，就不要再发第三次。没有这么卑微的等待，如果你重要，迟早会回过来的。"

方舟对前辈产生好感，想建立一种特殊关系，但前辈却不想跟方舟有所关联。他选择不回微信，就是不想跟方舟联系，如果方舟死缠烂打，只能遍体鳞伤。因此，等一个等不到的人是对自己不负责的表现，即使很不舍，也要学会和不爱自己的人说再见。

在社交中，一段不平等的关系必然走不长远。就像你无法叫醒一个装睡的人一样，你没办法让不重视你的人对你强颜欢笑，与其死缠烂打，还不如把这份热情留给自己。

对于那些发信息却不回的人，那就干脆不要联系。重视你的人不管多忙，都会想方设法回复你的信息，因为他怕你收不到回复而胡思乱想，也怕你担心。而不重视你的人，即便他现在很闲，也不想通过跟你聊天来打发时间。

对于成年人来说，我们必须知道，有些人在你的生命中只适合路过。对于那些过客，我们即便对其再有好感，也不要太难过。因为你总会碰见一个愿意及时回复你微信的人，这样的人才是值得交往的人。

最近，霍楷对微信中的朋友列表进行了大规模的清理，清理完后，他发现这才是自己心目中的朋友圈，没有微商，没有负能量，也没有毒鸡汤。最主要的是，他把那些发微信从不回复消息的人全部清理掉了。

让霍楷下定决心清理列表的起因，是他前两天闲来无事，打算问候一下自己的一个朋友。于是，霍楷给对方发送消息，问他最近在忙什么，有没有时间聚聚。可是，对方没有回复自己。霍楷认为，朋友一定是太忙了，没有时间回复自己。可是，正当霍楷百无聊赖地翻朋友圈时，却发现那位朋友发了一条信息。霍楷顿时有些气闷，他立刻问朋友，为什么不回自己的信息，却去发朋友圈？对方一直到晚上才发了一条信息：哦，没看到。霍楷当时就把他拉黑了，回想过去，也是他发十句，这位朋友回复一句。既然如此，那又有什么必要继续把他留在朋友列表里呢？

生活中，每个人都扮演着不同的角色。这就意味着不是每种角色都受大家欢迎，有的人能聊到一起，有的人聊不到一起。对于能聊到一起的人，要学会珍惜；对于聊不到一起的人，要学会放弃。如果聊不下去，还非要聊，那只会让彼此都心生反感，关系越来越僵。

相信每个人都曾偏执地对待过另一个人，不管那个人有没有回复你的消息，你都近乎偏执地对他好，总是想起他，总想知道他的消息。渐渐地，你会发现自己越来越卑微。其实，当他几次三番都忽视你的信息时，你就索性把他从朋友列表中清除，不要再等了。他身边每天都要经历不同的人，不同的事，你不过是他想不起来的路人甲。

当你狠下心把他清出去时，你可能会在短时间内感到痛苦，因为卑微的习惯被打破了，没有关注的人让你有些寂寞。但后来，你才会发现这样简单的社交才是最好的。

你好友列表里剩下的好友都是能及时回复你信息的，没有人能让你浪费时间和精力等待。这时候，你才会发现，原来删掉那个人竟然这么爽。

有人说，回复信息是社交的基本礼貌，但其实并不是。如果你真的讨厌一个人，或者完全不重视一个人，那你的确没有必要事事、时时都回复他。对于不想回复路人的你来说，对方把自己删掉了反而是一种解脱。

在社交中，并不存在“随时随地回复就是礼貌”这样的问题，对于自己在乎的人，你必然会及时回复对方的信息；对于自己不在乎的人，你又何必顺着他们的心意来？如果把回复信息上升到“礼貌”或“修养”阶段，反倒是对别人的一种道德绑架。

没必要与不重要的人保持紧密联络，更不必对不重视自己的人死缠不放，毕竟这类人平时不联系你，彼此就宛如陌生人，对方的名字只是躺在你的好友列表中罢了。他对你毫无帮助，甚至连一条信息都懒得回你，对于这样的人，你又有什么理由不删掉他呢？

第二章

你不是试毒师，不要与负能量的人纠缠

负能量的人只能让你情绪低落，除此之外，再无半点益处。

第三部分
什么是成功社交的催化剂

第一节　你的“恩情”，对方不一定领情

《教父》的主人公有句话非常经典，“绝不要把你的友谊强加给不需要的人”。什么人不需要你的友谊呢？就是那些觉得你无足轻重，觉得你的付出不值一提的人。

《教父》中还有一句话，“如果你想帮助别人，就一定要让接受帮助的人体会到这种帮助的价值。”这句话把社交的平等性概括得相当全面。就是说，当我们给自己办事的时候，知道自己为这件事付出了多少，对于结果也有“一分耕耘，一分收获”的喜悦。可当我们为别人办事的时候，他们对我们的付出毫不了解，可能你忙得焦头烂额，别人也只觉得是举手之劳。

对于人际交往的原则，最重要的就是一个“度”字。也就是说，当我们渴望获得他人的帮助时，就要先对帮助的“度”有所了解。这个度就是不要高于自己的能力，也不要浪费自己的时间。

帮助他人时自己的能力要稍稍高于对方的能力，这种帮助才最有价值。此外，你还要酌情进行帮助。对于实力跟你相当甚至明显高于你的人，他们完全有能力自己解决问题。此时，他们来找你帮忙无非是抱着占便宜的心态，那你就要仔细想一想，到底这个忙值不值得你帮。

鲁瑾和她的“向阳花”慈善事业是专门为家庭条件差但患有听力障碍的孩子们解决问题的。

鲁瑾说，她有一次收到了一份申请，是一个家庭请求“向阳花”资助其七八万元，给家里有听力障碍的孩子安装进口耳蜗的。这种耳蜗分为两种，一种是进口的，另一种是国产的。进口的耳蜗需要18万元，而国产的仅需8万元。其实，国产耳蜗在功能上与使用方法上跟进口的耳蜗没什么差别。申请资助的家长却说，为孩子安装耳蜗是一辈子的大事，还是希望安装最好的。对此，医院方面也给出了自己的看法：不管选择国产的耳蜗还是进口的耳蜗，这都是患者的权利。患者家属选择了进口耳蜗，医院是不能干涉的。可医院建议，慈善事业的资助应当按照国产耳蜗的标准来，也就是说，慈善机构只需资助国产耳蜗的8万元即可。差价的10万元应当由选择进口耳蜗的患者家里掏。

医院和患者的建议听上去都挺有道理的，可鲁瑾感觉事情有点不太对。既然患者家里能够负担得起10万元，就证明给孩子安装国产耳蜗是没问题的。慈善机构是为了帮助那些连国产耳蜗都装不起的家庭，因此，这个求助家庭应该不在考虑范围内。

这时候，鲁瑾的同事告诉她，这个求助家庭的10万元也是七拼八凑借来的，一时间，鲁瑾也拿不定主意这个家庭到底该不该获得资助。

最后，鲁瑾决定放弃对这个求助家庭的资助。

从患者的角度出发，父母为了孩子当然想选最好的，这个家庭是应当被资助的。可是，如果从资助者的角度看情况就大不相同了。很多资助者的生活也很一般，虽然他们充满爱心，决定掏钱资助那些需要帮助的人，但如果求助者比资助者还有钱，那就确实说不过去了。

谁是最需要资助的人？毫无疑问是那些连国产耳蜗都买不起，只能在绝望中期盼奇迹的家庭。就像一群住在平房里的人，对在寒风中瑟瑟发抖却无房居住的人心生怜悯，于是决定通过慈善机构来帮助那些无房可住的人。这时候，突然来了一个求助的人，请求给自己建一座别墅住。他说他也无家可归，一直在筹钱买别墅，就差一个平房的钱，别墅就能买得起了。他只要求这些仍然居住在平房的资助者们帮他补上平房的差价，你帮不帮？如果这么说，那绝大部分居住在平房中的资助者都不会答应求助者的请求，因此，鲁瑾拒绝帮助这个求助家庭也不是没有道理的。就像我们小时候，老师和父母一直教导的“奉善而行，诸恶莫为”一样，每个人都渴望帮助别人，但是，我们需要辨别这个人究竟值不值得我们的帮助。

对于心存感恩又自觉的人来说，哪怕是我们的点滴付出，在他们看来都是无价的。对于贪心不足的人来说，即便你付出了所有，他也不会领情。

鲁瑾所管理的“向阳花”，有很多资助者本身就是生活清贫之人，他们的爱心应该被用到最需要的地方，这才是真正的善良。如果有人想肆意挥霍这份善良，那就偏离了慈善的主旨，也就不能再称其为善了。

我们帮助别人，其实就是帮助自己。如果情况不是这样，那一定是我们的思想和行为出现了偏差。

> 深圳有个人虽然收入很高，却始终一贫如洗。作为一个小有名气又十分努力的人，他不但没有存款，而且家徒四壁。当然，他并非挥霍无度，他只是把自己唱歌赚来的钱全部拿出来捐献给了别人。

他去世的时候只有37岁，但他一生却参加过四百多场义演，捐献给他人的钱将近四百万元之多，此外，他还资助一百多名学生继续完成学业。

为了资助这些学生，为了献更多的爱心，他不顾身上的病痛拼命演出，因此耽误了治疗，最后年纪轻轻就与世长辞了。

这是一个让人感动的故事，也是一个让人心痛的故事。因为那些接受他捐赠的人中，有不少人都是不懂感恩的“白眼狼”，甚至有不少人在接受资助之前，生活得就很滋润。媒体报道称，当他病危之际，却遭到一些受捐助者的批评。

一位受捐助的人打电话来质问他：“你不是说好要把我的孩子供到大学毕业吗？孩子还在上初中，你就不掏钱了，你这不是坑人吗？”

当时，生命垂危的他虚弱地回答：“对不起，我正在治疗，没法给你汇款。”

对方却不耐烦地问：“那你什么时候才能治好病，演出挣钱啊？”

就像这个冰冷的质问，当上例中的这个人的有限的帮助被扭曲成无限的义务时，他的付出就已经失去了应有的价值。同样的还有资助学生读书，却被反咬一口的人。这些人愿意付出，愿意承担本不属于自己的责任，但他们的“恩情”却不被受助者“领情”。这在现实中也是一个常见的情况。“救人救到底，送佛送到西”的例子一直在我们身边从未减少。

“救人救到底”，谁都说不清底在哪里。人心就像无底洞，不管你付出了多少，也无法满足他人心中的欲望。既然你无法满足，那你的付出也就没有了意义。

“送佛送到西”，受助者不会知道西天的路有多么难走。他们觉得将佛送到西是再正常不过的，但其实你根本没有义务送佛到西天，而且，你也要考虑自己送的到底是不是“佛”。

中国有句老话，叫“升米恩，斗米仇”。你施舍给人一把米，人家可能会对你感激，可是，如果你施舍给人一斗米，就会让他渴望获得更多，会让他产生不劳而获的占便宜感，当你不再提供一斗米，而是只给一升米时，对方就会对你厌恶与憎恶，完全忘了原本你一粒米都没必要给他的。

每个人都是有尊严的，当你的“恩情”不被对方“领情”时，你也该适时放下这段无效社交。放下无效社交，也就是放过自己。

第二节 你给她当心理导师，她只把你当垃圾桶

相信每个人身边都有一个喜欢抱怨和宣泄不满的人。对于表达不满的人来说，他们的内心会比较平衡，因为他们把负面情感宣泄出去，自己就会稍微轻松一些。相反，容易受伤和困扰的是被表达不满的人群，负能量的传播速度是相当快的，当人们接收到别人的负能量后，就会对自己产生不好的影响。

每个人都有三五好友，好友之间互相倾诉苦衷与烦恼本无可厚非。让人不满的是有些人跟你关系明明一般，却把你当成他的“垃圾桶”，一股脑儿地向你发泄负面情绪，此时，你就应该斩断这种社交，因为你不必去理会他的问题。

每个人都有自己的价值观，也都有自己的性格和问题。我们必须意识到，他对我们宣泄抱怨，并不是想向我们学习，也不是想听我们建议，更不想让我们去改变他的行为准则。他找你，不过是想把自己的负面情绪分给你，好让自己获得一定的解脱。他有自己面对问题的方式，也有能力自己承担，而且他的问题你也没有义务帮他承担。如果对方是你的朋友，那出于朋友间的交情，你可以听他抱怨和陪他聊天。但如果你跟他的关系一般，而且本就容易受到影响的话，那最好的方法还是远离情

绪负能量的干扰。

即便是朋友，他们在抱怨问题时也没有期待你能帮他们解决烦恼，因此，你不需要承担任何问题，每个人都需要有自己的担当，没谁有权利一直让别人做自己情绪的“垃圾桶”。

朴吉参加工作后不久，下了一番苦功考了个二级心理咨询师证。他除了能在心理问题上进行自我调解外，还认识了几个心理咨询师。可是，朴吉是一个自我主义较强但不自知的人，这些朋友聚在一起聊天时，大家都在听他倾诉烦恼，抒发情绪。这些朋友中，心理咨询师易茗跟他的关系很近。

一日，朴吉跟其他心理咨询师说，自己跟易茗决裂了。朋友们都很惊讶，纷纷询问他们是怎么决裂的。朴吉犹豫了一下，说：“每次出去吃饭都是我掏钱，他从来没想过要买单，他已经习惯了我消费，我觉得朋友之间不应该这样。”可是，易茗却不这么想。他觉得自己给朴吉提供了很多帮助，有不少专业性较强的知识都是自己免费教给朴吉的。而且，自己给朴吉提供的心理咨询，如果折合成普通人的心理咨询费，远远不是一顿饭就能扯平的。

朋友们也有些赞同易茗，至少在他们看来，朴吉在大多数情况下都把易茗和其他朋友当成心理咨询师而并非普通朋友，大家聚在一起聊天时，也只有朴吉一直在问相关专业的问题。尽管朴吉不承认这点，但这段社交关系从最初就是不平等的。

朴吉最初跟其他心理咨询师做朋友，就是想获得更多的心理咨询指导。但他却忽略了社交关系中的一点：如果你把他们当心理咨询师，那你在咨询问题的时候，是需要对问题进行付费的；如果你把他们当朋友，那你就不应该过度向他们索取了。

朴吉的错误也是我们经常犯的错误，而我们身边的朋友，也许职业根本不是心理咨询师，却要为了我们充当心理咨询师的角色。

不要做一个传播负能量的倾吐者，你的烦恼，别人没有义务帮你承担和解决。只有情商低或品行差的人，才会把自己的负能量倾倒在别人身上。

那些经常抱怨人生不如意，自己多么不幸的人，如果还不能学会独立承担和解决痛苦，就会一直陷在烦恼的无限循环中。

郑语在大家眼里一直是个“小女生”，因为她一点情绪都不能克制，只要稍微有点伤心或不满，她就要在朋友圈里大肆发泄一番。比如郑语跟交往了1个月的男友分手了，她朋友圈里的人都受到了负能量的荼毒。什么“男人都是骗子”“太优秀的女人没人疼”，搞得整个朋友圈都知道她失恋了，也知道了她苦情剧的始末。她在朋友圈里大肆散发负能量，搞得每个人都分担了她的痛苦。

不仅如此，郑语还很喜欢跟朋友大发牢骚。有一次，她跟舍友一起去甜品店，聊着聊着竟然哭了起来。人来人往，舍友十分尴尬，只好赶紧安慰她。郑语趁机好好倾吐了一番，一直说到天色将黑为止。

说完后，郑语笑着对舍友说：“谢谢你，多亏你了，我心情好多了。”

郑语的舍友本来不错的心情，因为听了一下午的抱怨而大打折扣。下次，郑语又邀请她一起去奶茶店，这位舍友赶紧以有事为由拒绝了。

我们受到委屈或因某件事不满时，都会选择找身边的朋友倾诉。很多时候，我们都会自觉或不自觉地把身边的朋友或是家人当成倾诉烦恼和发泄不满情绪的“垃圾桶”。当然，如果他们也对我们如此，那这还算是一段平衡的社交。毕竟大家相互倾诉、互相鼓励也是一件好事，每个人都能从倾吐中获得一定的情绪释放。但如果我们只是单方面的倾吐，而且对关系不是很熟的人倾吐，那就对别人太不公平了。或许人家有很忙的事，或许人家本来就已经问题缠身，他们自然没必要给你当“垃圾桶”，任凭你把负能量丢在他们身上。

朋友虽然能帮你分担痛苦，但我们也不能过度占用对方的时间。毕竟朋友没有义务接收你的负能量，而且，就算是垃圾桶也是有容量的。如果你的负能量让他难以承受，对方就可能被坏情绪压倒，继而远离你。

我们身边经常有人痴迷于抱怨，不管是老板苛刻，还是朋友太坑，这些都成了被抱怨的话题。很多人都感叹自己的生活简直异常艰难。这时候，他们没有想到自己的朋友可能更艰难。毕竟人生不如意十之八九，没谁能一直快乐无忧。

向他人倾诉不是不可以，但要抱着一种积极解决的态度去倾诉，不要对着熟悉的亲朋好友甚至是陌生人大倒苦水，说不准这些负能量中的哪一句就是压倒你社交的最后一根稻草。

每个人都有自己的情绪，我们又很容易被其他人的情绪所影响。而且，这个世界上本就没谁生来就该为另一个人付出。无度索取是社交里的大忌，“老好人”行为也是社交中需要避免的行为。

大部分情况下，我们愿意做朋友的情绪“垃圾桶”，是为了证明自己对朋友的一片真心，或者为了让对方认可自己是有用的。但如果对方对你的真心毫不在意，那你就没有必要一直当一个情绪“垃圾桶”了。

第三节　你的朋友圈中毒了吗

越来越多的人选择在朋友圈中抒发情感。可是，朋友圈中的“无效朋友”太多，就会影响到我们正常的思想和生活。

如果你的朋友圈里都是充满正能量的好友，你在翻阅朋友圈时自然会有积极向上、充满阳光的感受；可如果你的朋友圈里弥漫着抱怨、毒鸡汤和各种负能量，那你也会被这些负能量的东西吞噬。

在没有朋友圈的时候，我们下班回家后的生活基本是私人的。即便约三五好友出去消遣，所约的友人也是与我们三观相契合的。但有了朋友圈后，我们就难免在玩手机的时候看到别人的心情，继而被别人的心情影响。比如看到很多朋友去度假了，我们就会对工作提不起兴趣，也想去各地游玩；比如看到一些人失恋了，我们的情绪就会跟着低落；再比如看到别人发一些貌似很有道理的毒鸡汤，我们就会觉得努力也没什么用，还不如打打游戏更舒服。

人很容易受到环境的影响，不然也不会有“孟母三迁”一说了。朋友圈几乎是人人必刷的社交平台之一，在朋友圈里，我们不能控制别人发什么东西，也不能控制别人发心情状态的频率。因此，我们总会在不经意间中了朋友圈的“毒”。

周炜结婚后，经常被妻子抱怨，抱怨的根源来自妻子的朋友圈。周炜是某 IT 公司软件开发组的组长，平时工作很忙，但每周也至少有一次双休的时间。周炜和妻子有一个 5 岁的儿子，聪明乖巧。妻子在儿子出生后，就在家当起了全职太太。

在外人看来，周炜一家是值得羡慕的模范家庭，可自从妻子的小学同学嫁了个外国人后，妻子每次看她朋友圈就都会跟周炜抱怨一番。

原来，妻子的小学同学夫妇一直在度假，每天都在朋友圈发很多旅游的照片。除此之外，女方一直在图片上写下各种恩爱的文字，而她的丈夫也经常转发妻子的朋友圈，并宣称自己是这个世界上最幸运的人，因为他拥有世界上最好的妻子。

周炜的妻子很羡慕这种天天旅游的日子，也羡慕他们结婚这么久了还能这么恩爱。对比每天下班就累得不想动的丈夫，加上每个月才偶尔出去玩一次的生活，妻子觉得简直太单调了。她觉得自己已经被朋友远远甩在后面，觉得自己实在是太不幸了。

再看周炜，他每天的工作要忙一整天，好不容易下班回家休息一会儿，还要忍受妻子的牢骚和不满。渐渐地，这个原本和谐的家庭蒙上了一层阴影。

周炜的妻子的同学并没有错，她只是想把美好的时刻记录下来，并分享给大家。那么，究竟哪里出错了呢？其实，错只是错在周炜的妻子容易受到影响，并在受到影响后不知道如何反应。她看到朋友度假，就迫不及待地想去度假；看到对方夫妻恩爱，她也很想跟周炜如斯甜蜜。然而，她却忽略了一点，那就是看别人的生活信息并不能改变自己当下的生活状态，反而会勾起自己的不满足。这也是社交中十分重要的一点。当我们通过社交平台获得别人的情感信息后，都会觉得自己的生活好像哪里不对劲。当然，并不是你的生活真出了问题，而是你的生活与他的生活产生了差异。在这种情况下，不管对方的生活比你的生活更优质还是更凄惨，都会对你的情绪造成影响。

事实上，过多地关注虚拟社交媒体会让我们更加抑郁。就像周炜的妻子，她看了朋友发的朋友圈，就开始对自己的伴侣产生不切实际的期望。这时，当她的伴侣没有达到她的期望时，她就无法对自己拥有的东西感到满意。

知名的社交服务网站脸谱曾公布过一项实验结果，证明人们在社交平台上发表的情感等信息能够影响他人的情绪，这也是首个证明社交媒体可以操纵大规模用户情绪的证据。

经过一番研究而得出的结论是，人们在诸如朋友圈这类的社交平台上抒发情绪，会影响到自己朋友圈里朋友们的情绪。比如，我们看到朋友圈里的朋友情绪高昂时，我们自己也会萌发出正能量；当我们看到大家都在朋友圈里抱怨时，我们自己的情绪也会变得低落。

一项来自美国某大学的调查也表明，诸如朋友圈类的社交工具更可能为人们带去负面情绪。

现如今，人们在社交平台上花的时间越来越多，这也就意味着人们更愿意相信朋友们过得比自己幸福，也会觉得自己的生活非常不好。此外，如果朋友圈里大多是你不认识的人，那你的这种感觉就会更加强烈。

研究人员冈萨雷斯教授也表示，如果你在虚拟社交平台上拥有更多的好友，你就更倾向于一天到晚地阅读别人的生活，这时，你可能被别人的负能量感染，也可能把时间浪费在对别人天堂般的生活羡慕、嫉妒、恨上。对此，冈萨雷斯教授建议，取消关注那些更新朋友圈很频繁以及喜好抱怨与吹牛的好友，只选择性地阅读那些现实中真正好友的信息。冈萨雷斯教授的另一个建议是，对那些你并不熟悉的“好友”，最好果断地“拉黑”，以免浪费你多余的时间和注意力。只有现实中真正的好友，才有与之建立社交的意义，跟那些在现实中成功的人士建立社交，才能让你更加切实地拥有幸福感。所以，那些已经中朋友圈的毒的朋友们不妨提起精神。我们并不知道那些秀恩爱的朋友背后究竟隐瞒了多少酸甜苦辣，也不知道那些四处旅游的风景照背后究竟消耗了多少我们力不能及的东西。因此，立刻从中毒的朋友圈中醒过来吧，不要再沉溺于朋友圈的“幸福、快乐”，也不要因为朋友圈的“痛苦抱怨”而继续消沉。

每个人都希望自己拥有完美的伴侣，拥有最好的生活，但这些只有在现实中得到才有实际价值。当你对朋友圈产生抵触时，当你的朋友圈影响你的情绪时，不妨关掉一部分“毒源”，这样你就会发现自己的社交圈子会一下子清爽很多。

第四节　拒绝当生活中的“海绵人”

我们经常受到社交中坏情绪的传染。美国心理学家布鲁斯南把坏情绪传播链条中的当事者称作“海绵人”。布鲁斯南认为，社交环境和情绪都会对人产生巨大影响，甚至会改变当事人的心情，决定当事人的情绪。

每个人或多或少都具备不同程度的“海绵特质”，当我们像海面一样，吸收掉别人的负面情绪之前，都会先做好防御准备。我们在别人的情绪爆发后，当然不会把对方的坏心情照单全收，但这种坏情绪会或多或少地对我们产生影响，然后我们又会将其传播给别人。

有些表面看来很外向的人，其实也容易让周围环境影响自己的情绪。实际上，面对别人的负面情绪，外向的“海绵”反而会把负面情绪传播得更快。

社交研究专家指出，有超过70%的“无名火”都来自于“海绵人”对外界负面情绪的吸收，继而再由“海绵人”向外传播。其实，我们每个人都会在不经意间被外来负面情绪感染。

一位父亲在公司被老板批评了一番，回到家，他看到在沙发上蹦跳的孩子很不爽，于是臭骂了孩子一顿。孩子心里憋了一股火，于是狠狠踢了身边的猫一脚。猫因此逃到街上，正好遇到一辆迎面开来的卡车，司机为了避让猫，把路边的孩子撞伤了。这便是心理学上著名的“踢猫效应”，也是一种典型的因坏情绪传染而导致的恶性循环。

胡先生是一家私企的总经理，他一向按照公司制度严格管理，并且以身作则，十几年从未迟到和早退过。

一天早晨，胡先生因为家里的猫把牛奶打翻在他裤子上，匆匆换衣物导致出门有些晚。他的情绪有些急躁，开车的时候有些匆忙。在路口，他没有注意到前方变了信号灯，闯了红灯，又正巧被警察逮到。

胡先生本就出来晚了，又经过扣分、罚款，到公司的时候已经迟到了整整 1 个小时。此时，正好项目经理到办公室汇报工作。气急败坏的胡先生白了项目经理一眼，没好气地问：“上周那个项目你谈拢了没有？”

项目经理一愣，因为这个项目的客户确实有点难缠，而且自己昨天就已经汇报过进度了。虽然感到疑惑，但项目经理还是回答：“还没有……”

没想到，胡先生却突然大吼：“你在公司已经拿了 7 年钱，现在，终于有一次机会能让公司谈一笔大生意，你却拖拖拉拉地不上心。告诉你，如果这个项目你争取不下来，干脆就辞职算了！”

项目经理憋了一肚子委屈回到办公室，他有些愤懑地想：“我又不是白拿公司 7 年的工资，我的付出远远比回报多。何况，你胡经理就是个傀儡，解雇了我吃亏的是你自己！”

正想着，秘书来找项目经理签字，项目经理看了秘书一眼：“今天早上，我让你印 500 份资料，印好了没有？”

秘书有些纳闷，资料不是下周才用吗？但她还是如实回答：“还没有，这些……”项目经理立刻打断她的话，并且火冒三丈地指责她：“别找借口！你现在就去把资料印好！虽然你已经干了3年，但不表示你能再干3年！”

秘书一肚子火地回到自己的座位，心里不停地骂项目经理：“有病吧？我忙得脚不沾地，哪能同时干好几件事呢？简直太欺负人了！”

秘书下班回家后，发现9岁的儿子正在看电视。秘书心烦意乱地冲儿子嚷嚷起来：“我告诉你多少次了？放学别看电视！怎么就不知道要好好学习呢……”

每个人在生活中都像一块海绵，区别只是海绵的吸水量有多少罢了。因为人本身就是情绪化的，都很容易受到外界环境的影响，继而产生不同的情绪反应。比如你身边有人因为失恋而伤心落泪，你看到眼里，也会感同身受地悲伤。如果对方一直哭哭啼啼，你这块“海绵”所吸收的水分就会越来越多，如果不能尽快远离悲伤的“水分”，或及时把“水”挤出去，你这块“海绵”就会被泡烂。

通常，不同的“海绵人”吸收的情绪种类及方式都是不同的。下面，我来列举几种“海绵人”类型，并给出相应的社交策略。

1. 无意型吸收

无意型吸收类型的“海绵人”是最亏的，因为在社交圈子中，他人的负能量就像病菌，只要打个喷嚏，就可能把你传染上。也许你会说，我是无意接收他的负能量的。是的，你无意接收病菌，可并不代表你不会感冒。

这类“海绵人”算是别人眼里的老好人，总会对别人的悲伤表示包容。他们的身边总会聚集很多来倾吐的朋友。比如她们在抱怨男友不忠时，这类“海绵人”总会跟着哀叹：“哎，为什么天底下的男人都这样啊？”然后，她们也会在心里暗想：不行，我也得查查我男友，省得后院起火。

一来二去，找你抱怨的人越来越多，你吸收的负面能量也越来越多。当他人的灰色心情被你吸收后，你就会感觉生活越来越压抑，越来越无趣，人也会逐渐委顿。

这类人的应对策略很简单，只要在社交过程中转换一下角色，从“倾听者”变为“参与者”即可。在对方抱怨时，可以帮她出谋划策，让她逐渐转到光明的一面，如此，你的心情也会变得明朗。

2. 层叠型吸收

层叠型吸收类型的“海绵人”就应了“福无双至，祸不单行”这句话。比如上班时车坏了，好不容易走到办公室，却发现重要的文件没带，打车回家拿，却发现每辆出租车都被后来者抢先打走，好不容易熬到中午，才发现食堂的菜都被打光了……就这样，每一个小事都会层层叠加。作为一个“海绵人”，这样层叠的吸收方式也会让你感到无限委屈，因为这些都是小事，并不值得一提，所以委屈无法爆发，只能让灰色心情越来越重。

这类人的应对策略也很简单，只要去商场买一件喜欢的东西，或者去酒吧好好放纵一下。必要时，花钱和痛哭会帮你抒发情绪。

3. 意外型吸收

意外型吸收类型的“海绵人”的负能量都是由其他“海绵人”传染来的。比如你的老板遇见一件倒霉事，就在工作上迁怒于你，让你遭受无妄之灾。这时，你会感到有苦说不出，继而把灰色心情压抑在心里。

这类人的应对策略最好是找到情绪爆发的源头。解铃还须系铃人，彼此心情都平静后，去找对你发火的人问清事情原委。只有解决了源头问题，才能让你纾解灰色情绪。

第三章

时间是你的，凭什么让别人挥霍

不要把时间都浪费在无效社交上。

第一节 感情没到这份儿上，求帮忙请付费

生活中，我们总是在被动地做一些违心的事。比如在聚会上，总有“我喝了，你不喝就是看不起我”的人存在。可他们从来没想过，拒绝喝酒的人也许是对酒精过敏；也许是喝一点就会吐；也许是酒量不好，怕喝多了给大家添麻烦。同理，在公交车上也是，有些老年人打着“你比我年轻，就该给我让座”的旗号倚老卖老。当然，尊老爱幼的确是中华民族的传统美德，但如果倚老卖老，那就是道德绑架了。有时候，一些年轻的上班族确实很累，让座只能算情分，而不是义务。

如果说我们在酒桌和公交车上都是和陌生人进行的社交，提出拒绝还是比较容易的。可如果是朋友间的社交，对方找你帮忙，你该不该帮？比如汽车修理工经常会碰到各种“朋友”找上门来让你修车。当你花时间花精力把车修好后，对他们说“一共 340 元，收你 300 元”。可他们十有八九会鄙夷地说：“朋友之间帮个忙还要收钱啊？”不少做修理汽车生意的朋友也碰到过这样的状况，很多平时不熟的朋友只要车有点问题，就会来店里找你，然后美其名曰“专程照顾你生意”“给你捧场”。如果车不需要换件，他们就直接把车开走。如果需要换件，他们就会磨磨唧唧地跟你打感情牌，跟你讲情分，以此来避免付账。

朋友之间的感情当然需要维系，对于熟人，你可以优惠，也可以打折，甚至可以不谈钱。但遇到不熟的人，你又何必平白无故地奉献？要知道，你也需要吃饭，需要养家糊口，你没必要被这些所谓的感情“绑架”。毕竟，你可能一辈子都遇不到需要他帮忙的时候，况且，就算你找他帮忙，他也未必会帮你。而且，“帮忙”也会变成你的累赘。比如你一直在帮忙，一旦哪天自己有事，这个忙没有帮成，“朋友”反而会对你说三道四，怀恨在心。就像你每天都给他一颗糖，有一天你没有糖了，给不了了，他会怪你，会恨你，甚至会给你一巴掌；相反，如果你每天都给他一巴掌，有一天不打他了，他反而会对你心存感激。

很多时候，我们扮演的都是付出的角色。就像老师这个职业，经常会被各种亲戚“朋友”拜托帮忙。在难得的双休日还要帮亲戚朋友家的孩子补课。重要的是，你的帮忙全都是“义务”，是免费的，是举手之劳。如果你提出收费，对方就会立刻丢给你一个白眼，然后用诸如“我小时候还抱过你呢，现在找你帮个忙还收费”这样的话来绑架你。这样的事情在生活中有很多，不过说到底，都是你不懂拒绝的缘故。

伊一和万娅是高中同学，平时的联系比较少，只能算是点头之交。可有一天伊一突然在微信上联系了万娅：“我下个月5号结婚，你来参加吧！”

万娅一听，也很为自己的高中同学感到高兴。正准备答应时，伊一的第二条消息又发来了：“对了，你大学是学的主持吧？给我找个司仪，要男生，专业、成熟一点的。”

万娅想了想，自己有个学主持的学长很专业，但为人不够稳重，于是，她开始在脑子里筛人选，想想还有没有其他符合要求的男生。

还没等万娅想完，伊一的第三条信息又来了：“我在西安的xx酒店办婚礼，你坐高铁三个小时就能到，很方便的。”

万娅犹豫了一下，回复到：“我当然去，但主持人的路费和住宿就要麻烦你解决一下了，毕竟人家也辛苦这么一趟。”

过了几分钟后，伊一直截了当地说：“不行。我找你就是省钱，如果你让我报销路费，解决食宿，我还不如直接找司仪公司。老同学，你就说这个忙你帮不帮吧，我这辈子可就结这一次婚。”

万娅沉默了，原来她在伊一的心目中不过只是个“能利用”的人。她叫自己参加婚礼，只不过是为了省钱罢了。可是，谁给她省钱呢？于是，万娅回复：“我求我同学也是要搭人情的，抛去这个不谈，往返的车票钱你不出，包红包的钱你不出，住宿的钱你不出，我们浪费在路上的时间和创作主持稿的劳动报酬你也不出，你难道不知道，你省下的钱都要我替你付？”

伊一看完只回了一句“呵呵，真没想到你是这样的人”，之后就把万娅拉黑了。

被求帮忙的万娅心里是什么感受，大概求她帮忙的伊一永远不得而知。

社交圈子里有这么一个原则，就是绝对不要要求朋友在他的职业技能上“帮”你的忙。你有位朋友是画家，你就不应该找他帮你画画，因为画画是他赚钱的方式，如果你找他画画，就等于直接找他要钱。可是，如果他喜欢音乐，你可以邀请他在吃饭的时候为你拉一段小提琴。再比如你有个朋友是作家，你就不应该让她帮你写一篇论文或者演讲稿。因为帮你写稿件的时间就是她免费劳动的时间。但如果她在红酒品鉴方面有很大的兴趣，你可以邀请她帮你选择生日会上的酒。也就是说，这个原则的内涵就在于：你请求别人免费帮忙，而别人在这一点上又明确要收钱，那你的举动就等于直接找人家要钱。

在社交圈子里，我们应当心存善良，但这样的善良必须带点锋芒。帮你是情分，不帮你我也不会愧疚。真正的朋友是需要互相帮助，互相着想的。如果对方只是在需要你的时候才跟你称兄道弟、甜言蜜语，而等你需要他帮忙的时候就“玩失踪”，那么，不好意思，这样的朋友我们不要也罢。

没有谁的善良是不需原则的，这个世界上没人有义务提供免费帮助。特别是那些受到过帮助却不知道感恩的人。有时候，他们连一句冷冰冰的谢谢都没有，换作是谁心里也会难受。

你可以善良，但一定要有原则，要学会拒绝。任何关系都需要互相尊重，对彼此的感情付出也必须杜绝“单向”。如果他总是在有困难时才找你，或者他不是发自内心地感激你，更有甚者只是因为你“好欺负”“好说话”才找你帮忙，那么，这样的交情也就可以结束了。

我们没有权利用道德和交情来绑架任何人，因为谁都没有义务一直帮助弱者。朋友是需要相互帮助、齐头并进的，如果只是一方单纯地付出，这段关系很快便会破裂。

第二节 学会“敷衍”，也要学会说套话

我们与人交流的时候，有不少话都只是现成的套话。在社交中，这样的套话就像在打拳，你来我往，每个人都有对应的套路，也会习惯性地见招拆招。

很多人都觉得在社交中讲套话是虚伪。其实恰恰相反，这样的套话反而是你心智成熟的标志。我们可以这样想一下：如果别人对你说，他们的父母因病住院，你是用套话回复“人老了难免不舒服，我们要多多照顾”，还是随便回复一句“哦”？如果别人对你说，自己的儿女聪明、孝顺，你是用套话回复“你家孩子多好啊，肯定有个好前途”，还是随便回复一句“嗯”？如果别人对你说自己的得意事，你是用套话回复“你真能干，反应真敏捷，要是我肯定不如你”，还是随便回复一句“是吗”？如果别人对你说自己今天真倒霉，被溅了一身水，你是用套话回复“这样的事在所难免，谁都有可能遇到”，还是随便回复一句“哈哈”？

看完这些现成的套话，你可能会感觉这样的话一点立场和情感都没有，说套话完全不真诚。但是，如果你连套话都不会说，就出现了冷场的局面。沉默才是社交中最尴尬的事，我们面对别人的谈话总要说点什么才能冲淡社交尴尬。

你也许会说，大部分说套话的人都是人前对你客客气气，人后却使劲诋毁你。其实，你伤心的原因只因为自己没选对听众。你把自己的事情告诉对方，无非是寻求慰藉或赞美，但如果你对自己都不信任的人说一些私密的事，当然就会被“背叛”。

套话，一般指客气、谦卑的话，说套话是社交中的语言艺术。因为套话不仅能显示出你对别人的尊重，还能显示出你的平和、内敛。就像我们教育孩子的时候，会这样告诫他们：“看见认识的人要说‘你好’，别人在帮助我们时要说‘谢谢’，如果不小心碰到别人，要说‘对不起’。”这其实就是一种套话，也是最基础的礼貌教育。

一次，赵奇跟几个朋友一同去探望生重病的好友，当他看到对方十分痛苦的样子，却没有说一句话。跟赵奇一起去的朋友都说出了自己的祝福和鼓励，只有赵奇从头到尾不置一词。其实，他也有自己的想法：如果要跟多年好友说客套话，又总觉得太虚伪，而且客套话也不能很好地表达自己的心情。于是，一向内向的赵奇被人说成冷眼旁观，朋友们也或多或少地跟他产生了芥蒂。

赵奇却认为自己的内向性格还不错，至少比“虚情假意”和“口蜜腹剑”的做法实在得多。但由于不能充分地把自己的想法表达出来，赵奇传达给朋友的信息还是零。甚至在探望好友的时候，他连一句“没事吧”都说不出口，这就会让人觉得很冷漠。

跟赵奇一起去朋友那里的有一个叫陆基的人，他是位社交老手，而且为人诚恳，大家都喜欢跟他交往。

一进门，陆基就把手轻放在生病好友的身上，然后轻声说：“感觉好点了吗？上次我媳妇生病就是在这里住的院，这家医院的医生水平都不错，你放心养病。”

走的时候，陆基对好友的家人说："我是他的好朋友，如果有事需要我帮忙，一定要叫我，就辛苦叔叔阿姨了。"

上面的案例中，赵奇跟陆基的差距其实就在套话上。因此，我们在生活中要学会讲套话。很多人都觉得讲套话太缺乏真实情感，那么，我们可以把自己的感情加到套话中。比如你想跟对方说"没事吧"这句话，你不要直接把原话搬出来，而是要加点自己的感情进去，比方说"我有什么可以帮你的吗""别伤心了，我们一起去喝点酒吧"或者"我看你难受，我心里也不好过"，这样的套话更能拉近彼此的关系。

客套不是让你对人低声下气地说话，也不是让你变得虚伪。客套在社交中更多地代表尊重，代表礼貌和修养。不管是生活中还是工作中，我们都需要用套话作为连接社交的纽带。人要衣装，佛要金装，社交语言也需要包装。

套话的魅力就在于让人身心愉悦，并且心悦诚服。会讲套话的人在社交圈子里也更受欢迎。同一件事，不同的人讲出来就会有不同的效果。如果你用带有真情实感的套话社交，说出来的话就让人更爱听，别人也更能欣然接受。语言的运用在于修养和气度。会说客套的人，说出来的话叫人喜欢听、愿意听，别人也会欣然接受；反之，不懂客套的人就会面临很多的尴尬，并造成很多误解，甚至出现社交障碍。俗话说：客套多，朋友多；朋友多，好事多。这句话一点不假，因为客套和寒暄都能帮你认识更多的朋友，从而促成你们的交往。当然，说客套话也必须自然、真诚，如果只靠固定的模板讲话，也不会有多大的艺术性。

小钟是上海一家饭店的服务生。一日，著名演讲家金先生来到饭店用餐，小钟向他微笑致意："您好，欢迎光临我们酒店。"

第二次，金先生又来到酒店用餐，小钟认出他来，于是一边行礼一边寒暄：“金先生，您好，欢迎您再次到来，我们经理已经安排好您的包间，请上楼。”随即，小钟就陪同金先生一起上了楼。

过了半个月，金先生第三次来到酒店。小钟看见金先生脱口而出：“您好，金先生，欢迎您又一次光临，希望这次我们也能令您满意。”

金先生十分高兴地对经理称赞了小钟：“这个小伙子说话不呆板，很好。”经理笑了笑没说话，小钟立刻说：“这些都是我们经理用心培训过的，像金先生这样的名人光临饭店，我一定要把经理教的东西发挥出来才好。”

就这样，小钟跟饭店签了长期合约，还在年底时获得了一笔奖金。

小钟之所以会受到金先生和经理的欣赏，就在于他并不只会鹦鹉学舌。与其他只会跟客人说一句“欢迎光临”的服务生不同，小钟能根据情境的变化，把自己的情感加入到不同的套话中，这也表现出小钟在社交方面的艺术。

在生活中，我们难免会找人诉苦，也难免成为他人排忧解难的听众。试想，如果我们连一句套话都不会说，对方又怎么能知道我们是真心实意的呢？

总之，我们都要学一些客套话，毕竟客套话就是社交关系中的润滑剂。

第三节　你的拒绝要干脆

不少人都觉得拒绝别人是我们一辈子都不过去的坎儿。可是，既然我们想拒绝，那就干脆一点，不要磨磨唧唧地，直接用优雅的姿态去拒绝。因为干净、利落地拒绝别人，是尊重双方时间成本的首要条件。你可以这么想，对方如果没有帮过你，又因为你拒绝帮他就跟你绝交，这样的人，你早晚也会失去。早一点失去，就是早一点止损。就像你被朋友邀请参加一项活动，你心里不想去，但又怕伤感情，不想明确拒绝，于是说自己非常想去，但因为时间对不上，只能不去了。没想到，朋友才过几天又来找你，说专门为你改了时间，这下你就可以来了吧？这时候，你才说自己是真的不想去，谢谢邀请。此时，朋友一定会不高兴，因为你当时拒绝得不干脆，才给人家留下了话柄。

我们身边有很多这样的人，也许我们自己就是这样的人。这类人总觉得自己的情商很高，不会明确地拒绝别人，以免对方太难堪。于是，他们经常用的套路就是先答应别人，然后再临时找借口，编出各种理由，证明自己确实想去但去不成。可是，这么犹豫不决很让人厌烦，因为去不去都是你的意愿，如果明明说了去，后来又选择不去，就会把别人惹恼。

谢卓有一个毛病，就是喜欢临时变卦，这一点让他的朋友非常不满。

一日，舍友卢斐约他一起去看电影。谢卓立刻答应了，而且对电影表示非常期待。当舍友订好票，又推掉了一个别的活动后，谢卓在电影开场前1个小时告诉卢斐："对不起啊，我昨天打游戏打太晚了，今天不想去了……"

卢斐很生气，因为这已经不是谢卓第一次放自己鸽子了。要知道，卢斐本来有另一个活动，就是因为先约了谢卓，他才守约推了那边的活动。可谢卓却对约定毫不在乎，说变就变，这让卢斐实在忍无可忍。于是，卢斐对谢卓说："你要去就去，不去就不去，别每次都等到最后一刻才变卦？你知不知道电影票不能退？"

谢卓也很委屈，其实他从一开始就没想去啊。于是，谢卓说："我一开始就没想去啊，我把电影票钱给你。"

卢斐更生气了："这根本不是电影票的事，你跟人约好了就要守信用。如果不想去，一开始就直说，我还有别的活动呢！"

谢卓很无语，卢斐也很生气，一段社交就因为谢卓所谓的"高情商"而岌岌可危。

有些人觉得自己先把事情应承下来，临时再推脱掉是"高情商"的拒绝方式，其实，这样的方式只能让人觉得你不靠谱，太善变。

对于拒绝这种事情，情商最高的表现就是痛快地说出你的想法。当别人约你的时候，想去就去，如果去就不要变卦，如果不想去就直接拒绝，千万别装。

不少人都把"不敢干脆拒绝别人"这件事看作是为别人着想。其实，他们不想让人家难堪，主要是太把自己当回事了。他们觉得如果自己拒绝了，人家就会心碎。可是哪有这么夸张？每个人在提出要求时，都做好了自己被拒绝的心理准备，甚至他们比你还在乎你的拒绝。就像卢斐，他约了谢卓看电影，如果谢卓跟自己说“我不想看”，卢斐可能很痛快地找别人看，或者去参加别的选项。而且，你的拒绝不需要太多解释，如果你解释很多，就会给人造成这样的错觉：我在故意拒绝你，是想抬高我的身价，是想让你不断求我，我是在欲擒故纵。

你没有明确拒绝别人，就是在给对方留希望，就是让对方为你付出。不管你承认与否，这都是一个客观事实。比如有人请你帮忙，你没有直接拒绝对方，没有说自己帮不了，而是说今天自己很忙，没有时间；等到第二天，对方又提出请你帮忙的请求，你说今天太忙了，明天再说吧；第三天，人家请你吃饭，问你今天有没有空，你说今天还是很忙；等到第四天，实在拖不下去了，你才说，我真帮不了。此时，对方一定会勃然大怒：你帮不了倒是早说啊，浪费了我四天时间！

我们不能干脆地拒绝别人，很大一个原因就是我们害怕给朋友留下冷漠、薄情的印象。可事实上，绝大多数人的交往都根本谈不上情义，只不过是表面过得去罢了。因此，在别人邀请你而你又不想去时，或者别人找你帮忙而你又帮不了时，我们不妨第一时间告知对方，这也是成本最小的人际交往规则。

别人选择你，而你明确地拒绝，也等于把选择权还给对方。比如一个男生追一个女生，女生只想跟男生继续做朋友，于是打算拒绝他。可是，女生怕伤害男生，犹犹豫豫地说了半天，只夸了对方的好，在拒绝方面做得很含糊，让男生误以为女生是在考验他，是在给他希望。于是，男生一直追了女生好几年，直到女生突然结婚。男生气愤地想：原来你只是拿我当备胎！耽误了我这么多年，要不我的孩子都能打酱油了！确实，女生如果最初干脆地拒绝男生，就等于把选择权再次交给男生。他可以继续追这个女生，也可以去追别人，不用背负什么心理负担。如果女生对男生的追求既不拒绝，又不答应，并且用各种各样的理由拖延，那选择权就还在女生手里，让男生不知道自己该继续追，还是换下一个目标，这才是最自私的。

我们拒绝别人不需要理由。我不想做、我不会做就是最好的理由。当你把拒绝他的话说出来，对方就已经开始找下家了，哪还会管你拒绝的理由呢？

拒绝并不会让人难堪，不敢拒绝又拖拖拉拉的行为才是让人难堪的。因为拖到最后，你还是会拒绝，还是没有付出。因此，对于拒绝这件社交难事，我有两点建议。

1. 在第一时间说不

拒绝的理由越简单越好。“多一点真诚，少一点套路”这句话，用在这里再合适不过了。只要对得起自己的感情和能力，不用太顾虑对方的接受能力。大家都是成年人，谁也不会因为这点事伤心、郁郁寡欢。

2. 告诉对方，下次有能力的时候再帮忙

如果你真的没有能力帮对方，直接拒绝就可以，不用顾虑自己的面子问题。如果有人因为你拒绝了他，就认为你是弱者，从而把你拉黑，那你应该庆幸“友谊的小船”及时翻了。不然你这辈子都注定要随时“在线”，随时听候调遣。

事实上，当人们被拒绝的时候，都不会对你产生太多情绪。相反，大部分人都会反思自己，然后寻找让自己舒服的关系继续交往，毕竟这样才是一个双赢的结局。

第四节　他这么对你，你还学不会拒绝

我们经常会碰到这样人，他们平时以“老好人”的形象出现在大家面前，但实际上，“老好人”面具下面只是怯懦。

“老好人”面对别人的请求不懂拒绝，也不知道应该怎样拒绝。因此，他们处理问题时，宁愿自己受委屈，也不愿意直接拒绝对方。甚至当对方提出无理要求时，他们因为不知拒绝而认为自己很软弱。

学会拒绝其实没什么大不了的。不就是一个“不”字吗？这有什么难说出口的呢？也许你是因为害怕拒绝对方，你们从此就不能再做朋友了。可是，对于你拒绝帮忙就跟你断交的人，你确定他真的是朋友吗？

有些人认为，如果自己不帮忙，别人就会觉得他很小气，觉得“你连这么容易的要求都不能满足我，我很委屈”。其实，如果对方真的把你当朋友，就不会对你提出任何无理要求。他们只会全心全意为你着想，从你的利益出发，也不会让你感到为难。

对你提出无理要求的恰恰是朋友中的“灰色线”。他们跟你不熟，也对你的利益不在意。找你帮忙的时候，他们的思维往往是这样的：你也不是我什么人，我的要求也确实过分。你能帮我，我就有免费劳动力了，下次接着找你；你不帮我，那就算了，我也没必要再跟你联系。当你拒绝

帮助对方时，对方就会用这样的话结尾“我真是看错你了”。其实，他的意思是“我真是看错你了，没想到你根本不是免费劳动力”。

很多时候，让我们真正糟心的是，我们当了半天“老好人”，对对方的要求可谓是有求必应，但当我们需要帮助时，曾经得到我们帮助的人却对我们视若无睹。其实，这种情况是相当常见的。让我们换一种思维方式，如果你被曾经帮过的人拒绝了，那你还学不会怎样拒绝别人吗？对方是怎么对你的，你就应该怎样对他们。

吕宋的男朋友是大学里的“老好人”，他个人能力强，为人又平易近人，只要别人跟他张口，他就会毫不犹豫地答应帮忙。比如对方不想上课的时候，请求他给帮忙记笔记，他就可以忽略自己的笔记，专心帮别人记；下雨时，他可以把伞借给舍友，自己被困在教室里，连中午饭都吃不上。

刚跟吕宋谈恋爱的时候，他对吕宋确实好得没话说。可两人在一起后，吕宋的男朋友逐渐忽略吕宋，而把精力都浪费在这些无效的社交中。

有一次，吕宋跟男朋友约好了一起看电影，两人约在电影院附近的一家咖啡馆见面。吕宋等了一个小时，她的男朋友还没来，而且电话也关机了。

吕宋一直等到电影散场，才看见男朋友满头大汗地赶来。吕宋有些不高兴，但又不知道男朋友出了什么事，于是忍着怒火问：“你干什么去了，电影都结束了，你手机怎么关机了？”

男朋友气喘吁吁地说：“帮一个舍友去火车站排队买票，没想到手机被人偷了，所以联系不上你。”

吕宋气呼呼地说：“他不会自己去排队？”

男朋友解释:“他跟他女朋友去约会了，早上拜托我去，我也不好不答应。”

吕宋心里憋了一股火:“他跟他女朋友约会，我就不是你女朋友？我就活该被放鸽子?”可是，她男朋友就觉得这些都是正常的，朋友间实在不好意思拒绝。

有一年端午节，吕宋的男朋友坐车回老家，突然接到快递电话，说有一个急件需要他现在去取。他人已经在火车上了，于是给那个拜托自己买火车票的舍友打电话，请他帮自己拿一下快递。他满以为自己帮了他那么多次，这点小忙对方肯定不会拒绝。没想到，他舍友接到电话后直接拒绝了:“不行，我打游戏呢，你找别人吧。”没等吕宋的男朋友再说话，对方就把电话挂断了。最后，吕宋的男朋友求了一圈，只有一个平时不太联系的同学帮他去拿了快递。

就像吕宋的男朋友一样，你可以不拒绝别人，但不能保证别人不会拒绝你。你当初帮忙，是考虑到彼此的面子和情谊，可他们拒绝你的时候，根本不会考虑你的处境。只要涉及他们的利益，哪怕只有一点，他们都可以毫不犹豫地拒绝你，而且是没有任何顾忌地拒绝。

在人际交往中，我们总会拒绝别人，也总会被别人拒绝。但是，拒绝也要讲方法，让自己平静地说出“不”字，也让对方能欣然接受。下面是7种拒绝方式，供读者参考使用。

1. 直接式

直接拒绝要避免态度冷漠、生硬。必要时，你可以简单解释一下原因，并且表达一下歉意或谢意。

2. 婉转式

婉转式的拒绝方式在职场中使用较多。比如想对领导的决策表示拒绝时，可以采用欲抑先扬的方式提出拒绝意见。比如“您说的没错，我们的确应当按照这个方式工作，此外，我们还应当……”需要注意的是，我们提出问题之后，不要看到领导的脸色变差，就赶紧改变自己的观点去附和领导。这样非但不能解决问题，还会暴露自己胆怯、没主见的一面。

3. 推脱式

我们可以通过“一笑置之”的方式加以拒绝。比如对方问你喜不喜欢杨幂，如果他很喜欢，而你又不是很喜欢时，大可以一笑置之，不做点评；当别人邀请你一起在背后说人闲话时，你也可以笑一笑，不要参与，表示自己接收到他们的信息即可。再比如，我们可以在对方提出要求时用别的事情推掉。比如有人管你借一笔钱，你可以推脱说“真不巧，我刚把余钱拿去给爱人订一件羊绒大衣”，直到对方死心。

4. 转移式

当有人找你一起做某事，而你不愿意时，你可以采用转移式社交方法表示拒绝，比如“我们为什么不去打篮球呢？还可以锻炼身体”“有一部电影上映了，据说很好看”。

5. 留有余地式

从人际关系角度看，不管我们拒绝的是什么关系的朋友，都要尽可能留有余地。比如对方请求你在公司为他谋取职位，你要为彼此的关系留有余地，所以在拒绝的时候需要尽可能把理由说清楚。比如“这个确实不好办，你的学历不符合要求，第一关就不能过。我们这个职位应聘的人有很多，我们高管家亲戚都没能进来，不过我可以帮你在其他职位上碰碰运气，当然，我们都不要抱太大希望，我只是尽我最大努力，不能说一定成功”等。

6. 外交辞令式

当我们没有能力或不愿帮助对方时，可以用“无可奉告”“暂时无法确定”或“天知道”这样的外交辞令。

7. 沉默式

比如一位不太熟的朋友邀请你参加她的婚礼。当你看见她的消息时可以不予回复。沉默会告诉她，你已经拒绝了她。

第四章

社交圈的五大效应

了解社交效应，学好社交方式，让你的社交能力显著提升。

第一节　首因效应——第一印象很重要

在社交初期，首因效应是相当重要的社交效应之一。古语有云，“新官上任三把火”“恶人先告状”“下马威”，这些古语无一不是利用首因效应占得先机的经典例子。

我们常说要“给人留下一个好印象”，这里的好印象指的是第一印象，而第一印象便是首因效应作用的结果。我们在求职、交友、会面等社交活动中，最先用到的社交效应就是首因效应。我们可以通过首因效应向他人展示良好的形象，为日后的交流打下良好基础。当然，首因效应只是社交活动中的暂时性行为，要想与人进行更深层次的交往，则需要在言谈、举止、修养和礼节方面都提高自身素质。

首因效应最初是由美国心理学家洛钦斯提出的，又被称作“优先效应”或“第一印象效应”，专门指社交初期双方彼此形成的第一次印象会对今后交往关系造成怎样的影响，首因效应会给对方造成“先入为主”的社交效果。当然，我们都知道第一印象并非是最正确的。可是，第一印象却能让人印象最深。而且，第一印象还是决定双方以后能否继续交往的重要前提。

试想，如果一个人能在见面初期就给人留下或深刻或良好的印象，那么，人们在日后的交往中自然就喜欢跟他接近，彼此也能更快地了解对方。反之，如果一个人初次见面时就引起他人的反感，那么，即便这个人的能力再优秀，人们也会因为各种原因避免与之接触。在一些特殊情况下，人们甚至会在实际行动中与之对抗或抵触。

一位新闻系的毕业生正为了找工作焦头烂额。她渴望找到一份报社的工作，但报社却迟迟没有发布招聘信息。

越来越坐不下去的她决定到报社碰碰运气。一天，她去见约了很久才约到的当地某报社总编。进了门，她不卑不亢地问总编："请问，你们还需要一个编辑吗？"

总编皱着眉头说："不需要！"

"那么，你们也不需要记者吗？"她继续问。

"不需要！"

"那么，排字工人和校对人员也不需要吗？"

"不，我们现在什么空缺的职位也没有了。"总编看着表，语气有些不耐烦。

"那么，你们一定需要这个东西。"说着，女孩从自己的包里拿出一块做得十分精致的小牌子，上面写着几个大字"额满，暂不招聘"。

总编看着牌子大笑："我们确实额满，但如果你愿意，可以到我们广告部试试。"

就这样，这位刚毕业的大学生为自己赢得了梦寐以求的工作。

这位大学生就是通过自己制作的牌子，向总编展示了自己的机智与乐观，从而让总编产生了相当良好的"第一印象"。她通过自身魅力，引起总编对自己能力的极大兴趣，这才为自己赢得了一份满意的工作。这里的“第一印象”的微妙作用，便是社交中的首因效应。

以求职做例，大部分毕业生的就业方式都是通过“校园招聘”或“人才市场”，在这样的平台下，他们会直接跟用人单位进行“供需方见面”与“双向选择”。

实践证明，在“双向选择”过程中，成功的主要因素都是毕业生给用人单位带去的“第一印象”。在择业过程中，毕业生应该根据首因效应做好各项面试的准备。他们可以利用首因效应，把自己的才华与素养表现出来，用良好的第一印象为自己赢得工作。尤其是在初次交往时，良好的第一印象相当重要。人们都愿意与衣着整齐、落落大方的人交往。而且，我们还应当注意自己的言谈举止，与人交流时不卑不亢，举止优雅。

在社交中最常见的方式就是“以貌取人”和“以言取人”。俗话说：“路遥知马力，日久见人心。”如果只凭第一印象就对别人妄加判断，就可能因为信息不对等而造成无法弥补的错误。

著名的社会心理学家艾根在1977年研究发现，人与人相遇的初期，可以按照“SOLER”的社交模式来表现自己。这样不仅能明显增加对方的接纳性，还能让人们在心里建立良好的第一印象。“SOLER”技术也是人际交往的技巧之一。在这里，“S”即“SIT”，代表“坐的时候，要面对别人”；“O”即“OPEN”，代表“姿势要开放且自然”；“L”即“LEAN”，代表“身体微微向前倾”；“E”即“EYES”，代表“要与对方进行眼神接触”；“R”即“RELAX”，代表“与人社交要放松”。

心理学家发现，如果能在社交场合有意识地使用“SOLER”技术，就能有效地增加别人的好感，从而给对方留下良好的第一印象。

如果你已经给别人留下了不好的第一印象，也不必慌张，只要运用好以下 3 种方式，便可挽回你的社交形象。

第一，当事人经过有意地努力，做出惊人的举动。如果这个举动跟自己之前的形象或个性大相径庭，就会让人“刮目相看”，这也是我们常说的“咸鱼翻身”。

第二，当事人虽然在最初给人留下了冷漠、孤傲的印象，但他们可以通过提升自己能力，在关键时刻发挥作用，让人认识到自己对他的第一印象相当肤浅。这就是我们常说的“不鸣则已，一鸣惊人”。

第三，当事人可以通过网络等通信手段跟对方进行接触和交往。这样可以在虚拟社交平台上缓解彼此之间的认知偏差。这也是我们常说的“假作真时真亦假，人情练达即文章。”

第二节　皮革马利翁效应——让对方知道你在注意他

我们都会或多或少地关注有能力的人，也或多或少地被他人关注。当我们受到关注时，不管内心是喜悦也好，是紧张也好，是别扭也罢，我们都会比平时更加努力、用心，以期不辜负别人的关注。

俗话说，“有志者，事竟成”“世上无难事，只要肯攀登”，如果我们受到他人的关注，就会有意识或无意识地提升自己，这样的心理暗示会让我们收获颇多。

比如，一个普通男孩在跟自己心仪已久的女孩搭讪时，如果他觉得女孩太漂亮了，条件又那么好，自己肯定配不上她。那你就可以给他一个心理暗示：是啊，她人长得漂亮，条件还这么好，一定要有个条件更好的男孩才配得上她啊。而那个男孩就是你，你的性格、才华足够吸引她，她肯定觉得认识你是她的幸运！这样一来，男生就会散发出自信的魅力，也更容易吸引女孩的注意。

再如，如果一个普通男孩，不敢追女孩是因为她的身边已经围着很多比自己优秀的男孩，他觉得自己跟女孩搭讪也只能被看作一个笑话。此时，你可以再给他一点心理暗示：那些比你优秀的人的人品不一定比你好，而且，你是潜力股，幽默风趣，说不定以后比他们更优秀。她也许很讨厌那些正在追她的人，就是喜欢你这种老实、朴实的呢？这样的心理暗示非常有效，因为你过多关注一点时，就会不知不觉地朝着关注点努力提高，从而进行更优质的社交。

塞浦路斯有一位年轻的国王，名字叫皮格马利翁，他也是个著名的雕刻家。

一天，皮格马利翁得到了一块洁白无瑕的象牙。于是，皮格马利翁就用这块象牙精心雕刻出一个美丽而又可爱的少女。

因为这个少女雕像实在太过美丽，皮格马利翁每天都用深情款款的眼神，爱慕地凝视着她。久而久之，皮格马利翁发现自己竟然深深地爱上了这个雕塑！

皮格马利翁开始热切地希望雕塑能变成一位真正的少女。于是，他给雕塑穿上美丽的长袍，每天拥抱她，甚至亲吻她，他真诚地向天神祈求，希望自己的爱能被雕塑少女接受。

后来，皮格马利翁的诚心终于感动了天神，天神让象牙雕像真的变成了一位美丽、可爱的少女，和皮格马利翁生活在一起。

上面这个故事就是社交学里著名的“皮格马利翁效应”，又被称作“期待效应”。意思是你热切的期望能让被期望的人达到你所期望的目标。

哈佛大学的罗森塔尔博士曾经在加州一所普通的学校里做了一个有趣的实验，实验内容如下。

新学期刚刚开始时，校长对两位老师说：“我看了过去三四年的教学成果，发现你们两位是我们学校里最好的老师。为了奖励你们，学校特意把全校最聪明的学生安排在你们二位的班级。要知道，这些学生的智商都比同龄的孩子高不少。”

两位老师非常高兴，他们觉得自己受到了特别的重视，也感受到校长对自己的殷切期望。于是，两位老师纷纷表示要好好培养这些孩子。校长再三叮咛：“你们要像平时一样教导他们，不要让孩子和他们的家长知道他们是被特意挑选出来的天才。”两位老师表示明白。

老师们虽然没有透露出学生是天才，但他们在教学过程中，不自觉地流露出对学生的信任，眼神和举止中也不自觉地透露对学生的热情与期待。学生们接收到这种暗示，也觉得自己是与众不同的，他们觉得不能让自己辜负老师的期待。结果，这两个班成为全校成绩最优秀的班级，而两个班学生的分数也要比其他班的同学高出几倍不止。

一天，校长又一次把两位老师叫到办公室：“实话告诉你们吧，你们教的这些学生的智商并不比别的学生高。”

两位老师听完都愣了，校长又告诉他们另一个真相：“当然，你们也不是本校最好的老师，而是我在全校老师中随机抽出来的。”

老师们听完很纳闷，校长继续说：“你们正是因为感受到学校的期待，才努力改变自己的；学生们正是因为感受到老师的期待，才有了让自我完善的动力。”

这个试验证明“把美好愿望变成现实”是可能的。要知道，每个人都可能获得成功，如果他们被当成成功人士对待，他们就会产生心理暗示，这种心理暗示会敦促他们继续努力，不负众望。

人们经常用一段话形象地说明皮格马利翁效应，“说你行，你就行，不行也行；说你不行，你就不行，行也不行”。当我们希望别人成为我们心中所希望的人时，就应该运用“皮格马利翁效应”，向他传递积极的信息。当我们对他表示期待，并给他一个积极的心理暗示时，他就有了当天才的感觉。有了这样的感觉，他就会往这方面努力，最后就会成为天才。

与孩子交流时，我们如果希望孩子能变得更好，就要对他们抱有期待与鼓励，同时要让他们感受到你的期待与鼓励。如果你总批评他们“朽木不可雕也”“孺子不可教也”，那他们就会产生一种消极的心理暗示，觉得自己真是“干啥啥不行”，然后开始破罐子破摔，自暴自弃，继而堕落下去。

在职场上，我们在与员工交流时应该透露出对他们的信任，让他们感受到你的期望。古人常说“用人不疑”，如果想让自己的员工得到好的发展，作为管理者，就要传递对他的期望。

试想，如果管理者一直说“你们的能力太差了”“你们简直一无是处”，那他的下属就真的会一无是处。到头来，损失的还是管理者的利益。

在生活中，夫妻双方都会在结婚之前对自己的另一半有所期待。可是，结了婚之后，他们才发现自己的另一半跟自己想的完全不一样。这时，如何把对方雕成我们希望的成品，就是一门很值得研究的社交学问了。

“皮格马利翁效应”的精髓就是告诉我们，社交中最好的方法不是批评，也不是指责，而是暗示。如果你能用自己的期望给对方一个心理暗示，鼓励对方做你想让他做的事，他做到时，你就对他说你做得太好了。久而久之，他自然就会被你改造过来。

欣赏才能引导成功，抱怨只会让你失败。如果能使对方感受到你的期待，他会按照你的希望向你期待的样子发展。

第三节　赞美效应——对骂叫吵架，互赞才是社交

每个人都爱听赞美的话，与他人交往，我们不能吝惜自己的赞美。只要在人际交往中恰当地使用赞美的话，就能为你收获更多好人缘。然而，过分的赞美不仅不会让人喜悦，反而会使人尴尬。因此，捧人也要恰到好处。

每个人都需要赞美，这是毋庸置疑的，因为赞美是社交的润滑剂。我们收获赞美，也予以赞美，才能让社交生活更加丰富、欢乐。

当我们在社会上打拼时，不难发现“会捧”的人往往更吃得开。这类人办事顺利，也不拖沓。为什么懂得赞美的人更受欢迎？因为喜欢听别人的赞美之语，这是人类的天性。有时候，即使对方知道你是在有意吹捧他，但受到虚荣心影响，他还是很高兴。这也是为什么适当的追捧是为人处世的绝妙手段的原因。

当人们听到赞美与吹捧时，就会在心里产生一种很大的满足感，这种满足感会逐渐转化成优越感。当对方的优越感到达一定程度时，就会很乐意接受你的建议与想法。因此，要想让社交过程顺利，就要学会赞美，养成会捧人的习惯，这样才能提高社交效率。当然，就像前面提到的，捧人不能太脱离实际情况，要适合、适当才行。因为太过明显的吹

捧反而会引起反效果，甚至让被追捧的当事人尴尬万分。为了让赞美达到应有的效果，我们应当合理把握捧人的“度”，这才是赞美的重中之重。

约翰逊在一场慈善会上晕倒。他是位富翁，没有妻儿，只有一颗善良的心。经诊断，他的病情很严重，将不久于人世。

回顾自己的一生，约翰逊突然想到自己还有一些借据。这些借据都是多年前一些穷困潦倒的亲友立下的。时隔多年，他也不指望这些人还钱了。于是，约翰逊把这些亲友叫到病床前，说:“我知道，你们有很多人都还不起这些钱。我也将不久于人世了，今天，我决定只要你们每人对我说一些感激的话，我就把这些借据烧掉，从此我与你们两不相欠。”

欠债最少的人衷心地说:“约翰逊先生，如果有来世，请让我做您的仆人，服侍您一生，以此报答您今生的恩情。”约翰逊微笑着将借据扔进了火炉里。

接着，另一个欠债的人说:“如果有来生，请让我变成您家中的鸡犬，为您司晨守夜。”约翰逊点点头，把那人的借据扔到火炉里。

一位女士伏在病床前，真诚地对约翰逊说:“来世，让我做您的儿孙吧，我将永远孝顺您。”约翰逊开怀大笑，把她的借据也烧掉了。

这些人都对约翰逊说出了真诚的感激之语，约翰逊也十分满意。现在，只剩下欠债最多的人了。只见这个人诚惶诚恐地走上前，对约翰逊说:“如果有来生，我一定要做您的父亲。”

约翰逊听完非常生气:“你为什么不感谢我，赞美我，反而要骂我呢?”

这个人摇摇头:“好心的先生，我欠您的实在太多。这世界上，一切的债务都有被还清的日子，只有儿女债是永远还不清的啊。”

约翰逊也有些动容，笑着点点头，烧掉了最后一张借据。

我们不难看出最后这位先生才是真正会捧人的人。他用欲扬先抑、起承转合的话语，加上自己的赞美与真诚，不但化解了债务危机，还让约翰逊觉得他是个既有智慧，又真诚实在的人。可见，如果我们能在适当的时间与场合说出一句赞美的语言，不但能满足对方的心理需求，还会让自己获得对方的喜爱与赞扬，这确实是件有百利而无一害的事情。

说句赞美的话并没有多难，在社交中，如果我们留心观察，就很容易找到值得赞美的事物，也会发现生活中处处有值得赞美的地方。这种赞美效应能让你的人际关系时刻处在优质环境中。

我们常说，赞美的话更容易使人对你产生好感。试想，如果你能把赞美之语说得灵活自如、自然大方，那无论是办事情还是提建议，都更容易让对方接受。因此，赞美是待人接物中不可或缺的技巧。

我们可以从捧人、赞美人的技巧中学到不少为人处世的方法。要想让自己在社会交往中游刃有余地行走，就要学会对人进行适当地赞美。

人际交往中，有这样 3 条处事箴言需要大家知道、明白。

1. 懂得在赞美的时候见机行事。只有抓住时机，才能让你的赞美更加有效。

2. 赞美要符合眼前的利益，还要高瞻远瞩。不要只赞美成功人士，对普通朋友甚至陌生人，也不要吝惜赞美之言。

3. 良好的交流是从“互捧”开始的。每个人都渴望被赞美，因为赞赏能让我们获得更多动力，因为赞赏能让我们肯定自己的价值。

曾经有位专家对人性的特点做过一番精准的剖析。他认为，大多数人都希望获得别人的称赞，却很少赞美别人。当我们做了一点小事时都希望别人能看到，然后对我们进行表扬。可是，当别人做出贡献时，我们却选择性地进行忽略，这是一个不断重复的思维怪圈。这也是提醒我们要多赞美别人。当我们取得进步时，别人会对我们鼓掌表示称赞；当我们获得赞扬时，别人会替我们感到高兴。此时，我们不应当时刻提醒自己，在别人需要鼓励和赞美的时候，好好为对方的努力鼓掌吗？

在这个世界上，没人会讨厌真心诚意的赞美。职场社交中，上下级之间的关系也是如此。即便员工十分努力，能力也很突出，但如果不懂赞美，也不会获得太大晋升。反之，如果领导不懂赞美，员工也会失去工作的动力。只有对彼此的工作肯定，加以赞美之词，职场社交才能产生出乎意料的效果，达到上下级沟通的良性效果。

赞美的魅力如此之大，我们为什么不能好好利用呢？

第四节　晕轮效应——以点概面的偏见

所谓“晕轮效应”，就是我们在人际交往中所表现出的某一方面的特征，掩盖了其他的特征，从而对他人造成的认知障碍。

“晕轮效应”的表现主要是改变我们对别人的看法和评价。这样的例子非常常见，比如，一个老大爷看到一个年轻的小姑娘脸上画着烟熏妆，身上穿着皮夹克，嘴里嚼着口香糖，就认为这个小姑娘的品格一定不好。实际上，这个小姑娘不仅是北京大学毕业的高才生，而且，她上班后还经常被评为优秀标兵。老大爷之所以对小姑娘做出错误的评价，就是因为“晕轮效应”的影响。老大爷仅从小姑娘的装扮上就判定其人品是一种以偏概全的想法，正如一些小姑娘会因为男生长得英俊、帅气而觉得这个男生很好一样，实际上她们并不知道关于这个男生的其他信息。

“晕轮效应”其实是一种以点概面的片面思维，许多人都为这种效应的影响吃了不少苦头。俄国大文豪普希金就是其中的一个。

普希金无法自拔地爱上了“莫斯科第一美人”娜坦丽，娜坦丽的美貌确实是惊为天人的，但在文学修养方面，却完全与普希金格格不入。即使是这样，普希金也选择和娜坦丽结为了夫妻。

每当普希金为她朗诵诗歌时，娜坦丽都一脸嫌弃，捂住耳朵不听。而娜坦丽想要出去游玩却必须要普希金一同出席。久而久之，普希金也不创作作品，还欠下了巨额的债务，最后还因娜坦丽在决斗中死去。

“晕轮效应”对于普希金的影响就是让他觉得漂亮的女人也一定具有非凡的智慧，但事实并非如此。每个人都知道容貌和智慧是两个毫不相干的东西，正是因为“晕轮效应”让普希金混淆了这一点。

在社交理论中，将对特定对象的情感转移到与特定对象相关的人或事上的现象被称为“晕轮效应”。

人际交往中存在着一种情况，就是朋友的朋友虽然可能是陌生人，但我们对他们却不会完全像陌生人一样，这是因为我们已经将对朋友的情感转移到了朋友的朋友，也就是这个陌生人的身上。

中国历史上也存在着很多“晕轮效应”的例子。古代文人墨客因为诗文和美酒相识相交，建立起了深厚的友谊。还有喜欢“以茶会友”的人会因为别人送给他精美的茶具而对这个人产生好感。宋朝的高俅也正是因为球踢得好，才受到了皇帝的喜爱，成了只手遮天的宠臣。

“晕轮效应”不仅能够转移人们的讨厌之情，同时还能够转移人们的喜爱之情，这就有些“爱屋及乌”的意思了。最为常见的就是明星代言现象，厂家请明星为产品代言，就是为了将公众对明星的喜爱之情转移到自身的产品上来，从而提高产品的知名度，促进销售。

1989年，老布什夫妇访问中国，天津自行车厂知道二人是自行车迷，因此决定向老布什夫妇赠送两辆自行车。天津自行车厂制造出了两辆84型、83型“飞鸽”牌彩车送到了钓鱼台国宾馆。这两款自行车不仅造型精美，重量也很轻，骑着十分舒适。老布什夫妇收到“飞鸽”牌自行车之后十分高兴，不仅连连称赞，还亲自骑上了车子，世界各国记者都抓住了这个精彩的瞬间。

通过国内外上百家报纸的报道，“飞鸽”牌自行车成了“国家元首级的礼品”。通过老布什夫妇的“宣传”，“飞鸽”牌自行车不仅增加了知名度，还受到了世界各国人民的喜爱，顺利打开了海外市场。

“飞鸽”直行车的畅销就是借助了“晕轮效应”的影响，这可以说是一种“爱屋及乌”的表现。不仅这种喜爱的情感能够产生“晕轮效应”，恨和讨厌的情感也能够产生“晕轮效应”。

作为一种心理定式，我们不能够从道德的层面上去评价“晕轮效应”的好坏对错。当然，这并不是说“晕轮效应”不会产生道德方面的问题。名人代言广告涉及虚假宣传的情况就是由于“晕轮效应”所导致的道德问题，这一点也是我们应该注意和小心的。

作为一种以偏概全的主观心理，“晕轮效应”存在着几个明显的错误。第一，这种效应更多会抓住事物的个别特征，然后从个别推到一般，出现以点代面的错误。第二，这种效应会把本来并不存在的一些因素强行联系在一起，比如说一个人的品格和这个人的样貌。这本来就是两个毫无关联的因素，但这种效应会在这两种因素之间强行构成联系。第三，这种效应还存在着一种绝对化的倾向，断定是好的就全部肯定，断定是坏的就全部否定，受到主观偏见的支配。

了解到“晕轮效应”中存在的错误，有利于更好地避免陷入“晕轮效应”之中。但换一种角度来思考，如果我们在每个方面都表现得一般，那可能没有人会关注我们。但如果我们在某一方面表现十分突出，就会让周围的人对我们刮目相看，同时还会产生一种“这个人在其他方面的能力也不会弱到哪里去”的印象。我们知道这是一种“晕轮效应”，但这种结果究竟好不好呢？我们可以努力锻炼自己在一个方面的能力，在这个方面做到优秀，这样即使在其他方面的能力并不突出，我们也会受到他人的认可。这时候，我们一定要保持清醒的头脑，不要因为一方面的能力吸引到了别人的注意，就不去发展其他方面的能力。不要忘了，“晕轮效应”也存在不好的一面，如果我们某一方面的能力较低，不被别人关注，他人也可能会形成一种“这个人在其他方面的能力可能也不怎么样”的印象。

第五节　设身效应——如果我是你，我会怎么做

如果有个人能设身处地为你着想，并维护你的利益，给予你充分的尊重，那你在与他的交往过程中，一定会感到非常舒服。

在社交中，有一种效应叫作“设身效应”。顾名思义，设身效应是指通过设身处地为对方着想，让对方从你的感同身受中获得鼓励的效应。

一天，顾孟陪同好友到医院做检查，经过检查，好友的甲状腺上长了一个瘤子，是不是良性的，还需通过手术才能确诊。

好友已经吓到崩溃，在医院里放声大哭。顾孟一直安慰她，但却丝毫不起作用。

顾孟带着好友来到医生的办公室，一位温文儒雅的男医生拿着片子，一边在光下看，一边看似无意地问好友：“怎么样，你想好手术后到哪里去美容了吗？如果还没想好，我可以帮你推荐一个。毕竟你这么漂亮，在脖子上留个疤痕可不太好。”

好友绝望地说：“美容？做完手术之后，我能不能活下来还是个未知数，我还想什么美容啊？”

男医生更加温和地笑了：“如果我是你的话，我肯定更关心疤痕

问题。因为你放心，你不仅能活下来，而且还会活得很久。如果我是你，我不会关心自己的病情或手术如何，而是关心能否去掉术后的疤痕。”

好友看医生这么笃定，这么淡然，于是眼里含泪地问：“真的吗？我真的能活下去？”

男医生坚定地看着好友说：“你要相信我，你这个情况是无论如何都不会危及生命的。所以，我建议你打起精神来，不要被一个小瘤子吓倒，这样会很丢人的。”

好友想了想，终于破涕为笑，把情绪稳定下来。

男医生看到好友的精神状态恢复正常，于是把这个病的症状仔细地讲解了一番。从头到尾，这位男医生都表现得温文儒雅，而且说话的语气也相当平和、淡然。

本来是残酷的生死问题，结果被男医生轻而易举地化解了。

男医生就是使用了“设身效应”，给对方带去了“他了解我的心情，我应该听他的”这样的想法。

我们使用“设身效应”能让人觉得我们确实体会到了对方的感受。在使用“设身效应”时，我们则需要锻炼自己的说话技巧，适时地调整情绪。这样才能迎合对方，然后寻找机会，把好情绪传达给对方。

使用“设身效应”也能让人与人之间的交流更舒服。懂得好好说话，懂得设身处地为他人着想，这就是一种高情商的表现。高情商的人能在各种社交场合中做出最恰当的言谈举止。他们不但不会让人反感，还能把话说到对方的心里。当然，在社交中使用“设身效应”并不意味着你要对谁曲意逢迎。我们能在交流时站在对方的角度与对方社交，就能把握好社交的分寸，从而获得对方的认同。

美国心理学家丹尼尔·戈尔曼写过一本书，叫作《情商》。在这本书中，戈尔曼诠释了什么才是决定人生成功与否的关键，那就是情商。而情商最重要的表现形式，就是让自己的情绪与别人保持一致。

控制好自己的情绪，照顾到别人的情绪，这样就会让对方感到愉悦，从而对你产生好感，让你的社交事半功倍。

某小区内部有家超市，这里的地理位置优越，紧挨着几栋楼房，然而却一直惨淡经营。这家超市不停地出兑，然后开业，开业后不久又出兑，直到有位40岁的女人接手这里，超市的“画风”才有了转变。

自从这位女店主接管超市后，每天从早到晚人流不断。有不少平时聚在一起唠嗑的老太太们也时不时跑去小超市买点东西。

有一次，一位很挑剔的老太太来到超市买菜。她来到萝卜摊前，挑来捡去，过了10分钟，都还没有选到一根满意的萝卜。女店主也不着急，慢慢等老太太选好了，付了钱，她才笑眯眯地说：“阿姨，我们这儿都是新鲜萝卜，您下次来慢慢挑，不着急。”

又有一次，几个老太太进店里买卷心菜。她们一看到菜价，就开始絮絮叨叨地抱怨“哎呀，菜价又涨了”“最近不是卷心菜丰收吗，怎么涨价了”。女店主也不恼，笑容满面地应和：“是呀，最近蔬菜价格都涨了，而且，卷心菜因为在运输环节增加了成本，所以价格贵了两毛钱。不过，这个卷心菜到咱们这儿还很新鲜呢，您看，这菜水灵灵的，咱买菜不就是买个新鲜嘛。”

老太太们纷纷点头，买了卷心菜，又买了点其他果蔬，满意地离开了。

老太太们都说，这个超市的女老板说话中听，能替顾客着想。

上一家超市，如果挑菜时间长了，店长就会不耐烦地赶人，而她却让她们很满意。所以就算绕远，大家也都愿意去她家买东西。

店还是那家店，位置和菜品都没有什么改变，只是店长换了不同的交流方式，顾客就变得络绎不绝。而女店主之所以能把超市经营得红红火火，最大的原因就在于她能设身处地地为顾客着想，并且适当地给顾客传达自己的正能量。

女店主用“设身效应”与顾客交流，在让别人感觉舒服的同时，其实也在给自己创造利润。试想，如果女店主总是过分计较，总是焦虑烦躁，就可能失去一部分顾客。如果站在顾客的角度，多用“如果我挑菜慢，我也不希望店长不耐烦”的心境处理问题，就会海阔天空，获得别人的好评。

善于使用“设身效应”的人，总会用积极的态度和对方交流，并巧妙地把自己融进对方的角色里。他们可以感知他人的情绪，懂得控制自己的情绪。在社交过程中，这类人能让尴尬的气氛变得融洽，也能让悲伤的气氛变得乐观。

能设身处地为他人着想的人，走到哪里都是受欢迎的人，也是让人感觉舒服的人。“设身效应”能在人际交往中把你锻造成一个人情练达、世事洞明的人，而这样的人才会成为社交赢家。